MacOS Ventura

Primeros pasos con macOS 13 Para MacBooks e iMacs

Scott La Counte

RIDICULOUSLY SIMPLE BOOKS

ANAHEIM, CALIFORNIA
www.RidiculouslySimpleBooks.com

Derechos de autor © 2022 por Scott La Counte.

Reservados todos los derechos. Ninguna parte de esta publicación puede ser reproducida, distribuida o transmitida en forma alguna ni por ningún medio, incluidos el fotocopiado, la grabación u otros métodos electrónicos o mecánicos, sin el permiso previo por escrito del editor, salvo en el caso de citas breves incluidas en reseñas críticas y otros usos no comerciales permitidos por la legislación sobre derechos de autor.

Responsabilidad limitada / Renuncia de garantía. Aunque se ha hecho todo lo posible para preparar este libro, el autor y los editores no ofrecen garantías de ningún tipo ni asumen responsabilidades de ningún tipo con respecto a la exactitud o integridad del contenido y, específicamente, el autor ni el editor serán considerados responsables ante ninguna persona o entidad con respecto a cualquier pérdida o daños incidentales o consecuentes causados o supuestamente causados, directa o indirectamente sin limitaciones, por la información o los programas aquí contenidos. Además, los lectores deben ser conscientes de que los sitios de Internet que figuran en esta obra pueden haber cambiado o desaparecido. Esta obra se vende en el entendimiento de que los consejos que contiene pueden no ser adecuados en todas las situaciones.

Marcas comerciales. El uso de marcas registradas en este libro no implica ninguna aprobación ni afiliación con el mismo. Todas las marcas comerciales (incluidas, entre otras, las capturas de pantalla) utilizadas en este libro lo son únicamente con fines editoriales y educativos.

Índice

Introducción
   Entender el Mac

   Menos virus
   No complicarse la vida
   Sin hinchazón
   ¿Qué pasa con M?

Mac para usuarios de Windows

   Clic derecho
   Atajos de teclado
   Transferencia de documentos
   Compatibilidad
   Asistente de instalación

¿Qué es Ventura?

   ¿Qué hay de nuevo?

Aprendamos lo básico

   Teclado
   El escritorio
   Apple tiene un oscuro secreto
   Es dinámico
   Este sistema operativo está apilado
   Barra de menús
   Menulets
   Foco
   Centro de control

Muelle
Basura
Botones de aplicación
Plataforma de lanzamiento
Notificaciones
Director de escena
Vista dividida
Software de pestañas
Vídeo Picture-In-Picture

Dónde está...

Buscador
Finder reimaginado
Otros puntos de vista
Ordenar en el Finder
Gestión de archivos
Favoritos
Navegación por pestañas
Etiquetas

Cómo hacer las cosas

Configuración con Ethernet
Configuración de redes inalámbricas
Safari
Opciones del sitio web
Opciones de menú
Compartido Contigo
Marcadores de Safari
Historia de la Web
Grupo Tab
Correo
Añadir cuentas

Enviar un correo electrónico
Enfoque
Control universal
Atajos
Texto en directo (Fotos)
Mapas
Cámara de continuidad

Aplicaciones

Llamadas telefónicas
Contactos
Mensaje
Fijación de mensajes
Etiquetado de mensajes
Responder a los mensajes
Envío de fotos
Editar y anular el envío de mensajes
FaceTime
Utilizar FaceTime para mantener unida a la familia
Calendario
Recordatorios
Correo
Curso acelerado de correo
Recordatorio basado en la ubicación
Bienvenido a Note Taking 2.0
El curso acelerado de Notes
Vistas
Carpetas
Visualización de archivos adjuntos
Borrar Nota
Creación de una nota
Nota de bloqueo
Crear una tabla
Crear una lista de control
Añadir un estilo

Añadir bocetos e imágenes
Añadir colaboradores
Compartir notas
Búsqueda de notas
Exportación de notas
Notas de fijación
Adjuntar archivos
Corrector ortográfico
Formateador de fuentes
Nota rápida

App Store

Fotos

Aplicaciones menos utilizadas

Siri

Servicios Apple

Introducción

iCloud
¿Dónde está iCloud?
Cómo hacer una copia de seguridad del ordenador con iCloud
iCloud Drive

Apple Music
Curso acelerado de Apple Music
Biblioteca
Para ti
Visite
Radio
Buscar en
Escuchar música y crear una lista de reproducción
Consejos para sacar el máximo partido a Apple Music

Cómo personalizar las cosas

Preferencias del sistema

Sonido

Usuarios y grupos

Encaje esto

Continúa la foto donde la dejaste

Control parental

Sidecar

Privacidad y seguridad

Tiempo de pantalla

Manténgalo funcionando sin problemas

La máquina del tiempo

Actualizaciones de software

Índice

Sobre el autor

Descargo de responsabilidad*: Tenga en cuenta que, aunque se ha hecho todo lo posible para garantizar la precisión, este libro no está avalado por Apple, Inc. y debe considerarse no oficial.*

Introducción

MacOS Ventura convertirá tu Mac en algo aún más inteligente y potente. Pero, ¿cómo se utiliza?

Si usted está invertido en el ecosistema de Apple, es probable que haya notado cómo macOS, iPadOS y iOS están empezando a sentirse un poco similar. Esto ayuda a que el proceso de aprendizaje de cada sistema operativo sea mucho más intuitivo.

Si quieres aprender a utilizar las funciones más potentes, esta guía te será de gran ayuda. Se centra en las cosas que más importan a los usuarios, para que puedas ponerte manos a la obra lo antes posible.

En su interior aprenderá sobre:

- Novedades del iMac
- Novedades de macOS Ventura
- Cómo hacer todas esas "cosas" de Windows en un Mac
- Director de escena
- Uso de Siri
- Configuración de Internet y correo electrónico
- Uso de Sidecar
- Uso del Centro de Control
- Descargar / Actualizar aplicaciones
- Organizar las fotos
- Uso de Safari y los grupos de pestañas
- Protección de la intimidad
- Gestión de contraseñas
- Enviar, responder y fijar mensajes
- Multitarea
- Utilizar Live text
- Y mucho, mucho más.

¿Estás listo para empezar a disfrutar del nuevo macOS? Entonces, ¡empecemos!

Nota: Este libro no está avalado por Apple, Inc. y debe considerarse no oficial.

[1]

Comprender Mac

Este capítulo tratará:

- ¿Qué tienen de bueno los Mac?
- ¿Están realmente libres de virus?
- Sistema operativo sin hinchazón
- Un vistazo al hardware

Antes de entrar en el software en sí, abordemos lo obvio: ¿por qué elegir Mac?

Durante mucho tiempo fui partidario de Windows. durante mucho tiempo; veía el Mac y pensaba que era un ordenador para hipsters. Claro que eran bonitos de ver, brillaban y no parecían de plástico ni baratos... pero también eran caros.

Pero luego usé uno y me quedé alucinado. He aquí por qué...

Menos virus

Seguramente habrás oído a alguien decir que usa un Mac porque no le entran virus. Eso no es cierto. Cualquier ordenador puede tener un virus. Pero sí es cierto que los Mac suelen ser menos propensos a los virus y más seguros.

La razón por la que no se oye hablar muy a menudo de los virus para Mac es doble:

1. Aunque es difícil precisar cuántos ordenadores hay en el mundo, la mayoría de ellos siguen siendo Windows.. Así que, si eres un hacker que quiere sembrar el caos en el ciberespacio,

tu objetivo obvio sería el que tiene la mayor audiencia.

2. La segunda razón es que MacOS está hecho por Apple, para Apple. Windows construye su sistema operativo para ser construido esencialmente para cualquier ordenador, lo que abre la puerta a las vulnerabilidades.

Conozco a muchos usuarios de Mac y rara vez oigo a alguien decir que tiene un virus. Sin embargo, si le preocupa, un popular antivirus gratuito se llama Bitdefender Virus Scanner ([1]http://www.bitdefender.com/).

No complicarse la vida

Cuando se trata de diseño, a Apple le gusta hacer cosas bonitas y sencillas. Esta filosofía puede verse en sus relojes, iPhones y iPads, en todos sus productos.

Como Apple dedica tanto tiempo a mantener la sencillez, también ha visto los últimos días de caídas de ordenadores y pantallas azules de la muerte.

Apple dedica mucho tiempo a pensar no sólo en lo que debe hacer el ordenador, sino en cómo lo hará la gente. Si has usado Windows toda tu vida, todos los menús y botones pueden parecerte intimidantes al principio, ¡pero no te estreses! Este libro le mostrará lo fácil que es.

Si tienes algún otro producto de Apple, probablemente muchas de las tareas habituales del Mac te parecerán muy similares. Es más, si tienes un iPhone, un iPad o incluso un Apple TVtodos funcionan e interactúan entre sí.

Sin hinchazón

Recuerdo mi último ordenador Windows. Me moría de ganas de encenderlo... ¡y luego me moría de ganas de apagarlo! La primera hora debería ser para divertirse explorándolo, ¡pero mi primera hora la pasé desinstalando programas!

---

1.   http://www.bitdefender.com/

Una de las razones por las que los ordenadores Windows son más baratos es que los fabricantes se asocian con empresas de software e instalan todo tipo de programas innecesarios, la mayoría de los cuales no son más que pruebas gratuitas.

Con Mac, enciendes el ordenador por primera vez, creas un ID si aún no lo tienes, pones tu Wi-Fi e inicia sesión en iTunes / iCloud. Eso es todo. Una vez que saques el ordenador de la caja, tardarás menos de diez minutos en ponerlo en marcha.

¿Qué pasa con M?

Apple anunció que iba a empezar a fabricar su propio chip llamado Silicon. En noviembre de 2020, el chip fue desvelado y tuvo un nombre oficial: M1.

¡Impresionante, cierto! ¡Salta arriba y abajo! ¡Festeja como si fuera 1999! O, si eres como la mayoría del mundo, encógete de hombros y di: "¡Qué más da!"

Es un chip rápido, ¡pero a quién le importa!

A primera vista, el ordenador no se diferencia en nada de los Mac sin M1. Pero lo que cuenta es el interior: el hardware.

Sí, es rápido... ¡muy rápido! Abre las cosas varias veces más rápido que cualquier otro Mac. Eso significa que si estás abriendo un programa que consume mucha memoria, apenas notarás ningún retraso entre el momento en que pulsas para abrirlo y el momento en que realmente se abre. ¿Eres una persona paciente y eso no importa? Pues también mejora la duración de la batería. Probablemente podrás aguantar un día entero con una sola carga.

Todo eso está muy bien, pero aquí es donde las cosas se ponen realmente bonitas: está fabricado por Apple.

Antes del M1, los chips de Apple eran fabricados por otros fabricantes. Es como tener el corazón de otra persona dentro de ti. Sí, funciona... y seguro que te mantiene vivo. Pero no hay nada mejor que tener tu propio corazón. M1 significa que casi todo en ese ordenador está hecho por Apple, para Apple. Lo hace más eficiente y con menos margen de error. En resumen: significa que funcionará mejor.

Una de las mayores ventajas de tener un chip fabricado por Apple para Apple es que puede ejecutar aplicaciones de otros dispositivos de forma nativa. Esto significa que podrás ir al Mac App Store e instalar aplicaciones de iOS directamente en macOS.

En 2022, Apple lanzó el chip M2, que es varias veces más rápido. Probablemente empezarás a ver el chip actualizado anualmente.

[2]

Mac para usuarios de Windows

Este capítulo tratará:

- Cómo utilizar Windows OS en MacOS
- Transferencia de documentos
- Compatibilidad
- Asistente de configuración

Permítanme comenzar este capítulo diciendo: ¡no es para todo el mundo! Como muchos lectores son usuarios de Windows que se pasan a Mac, creo que es importante incluir un capítulo para ayudarles. ¿No eres usuario de Windows? Sáltatelo.

¿En qué se diferencia Mac de Windows?? A lo largo del libro, haré comparaciones para ayudarte, pero primero quiero hacer un resumen de algunas de las principales diferencias.

Clic derecho

Si eres usuario de Windows, hacer clic con el botón derecho del ratón es algo natural. En el Mac, todo es cuestión de gestos: tocando el trackpad (el ratón del Mac) de una determinada manera (o, en los nuevos Mac, ejerciendo más o menos presión) aparecerán diferentes opciones y menús.

Aunque suene raro, la primera vez que usé un Mac, el botón derecho (o la falta de él) me volvió loco... hasta que descubrí que el botón derecho existía de verdad. Para hacer clic con el botón derecho en un Mac, haz clic con dos dedos en lugar de uno. También puedes pulsar Control y hacer clic con un dedo.

Si tienes un viejo ratón USB USB, no tienes por qué tirarlo: puedes conectarlo a tu Mac y funcionará sin necesidad de instalación. Incluso funcionará el botón derecho del ratón.

Te explicaré cómo personalizar tu Trackpad más adelante en el libro, pero si quieres adelantarte, puedes ir a Preferencias del Sistema > Trackpad.

Y no te preocupes por estropear algo; ¡es muy difícil dañar un Mac!

Teclado Atajos

Esta sección le ofrecerá un resumen muy rápido de los atajos de teclado más populares; para obtener una lista más detallada, consulte el Apéndice A al final de este libro.

En un ordenador Windows puede que estés acostumbrado a usar Control (CTRL) con frecuencia; Control está en el teclado del Mac, pero no te confundas: en un Mac, el equivalente del botón Control es la tecla Comando (⌘) (a la derecha del teclado). La buena noticia es que la combinación de letras para los atajos de Windows más utilizados es casi siempre la misma en un Mac: Control-C para copiar es Comando-C en el Mac; Control-X para cortar es Comando-X; Control-V para pegar es Comando-V.

En un ordenador puedes mantener pulsadas las teclas Alt y Tab para pasar de un programa a otro... en un Mac se usan las teclas Comando y Tab.

Las dos teclas de función más usadas (los botones encima de los números) son F3 y F4; F3 mostrará una lista de los programas que tienes abiertos, y F4 muestra tu Launchpad (todos los programas disponibles, como el menú Inicio de Windows).).

Recuerda que aunque parezca diferente, en realidad no lo es... Windows tiene el Explorador de Archivos, Mac tiene el FinderWindows tiene el menú Inicio, Mac tiene LaunchpadWindows tiene el menú de cinta, Mac tiene el menú de navegación superior.

A continuación se muestra un resumen rápido de cómo se llaman las cosas en Windows y cómo se llaman en Mac:

Windows	Mac
Windows Explorador / Mi PC / Equipo	Buscador
Panel de control	Preferencias del sistema
Programas	Aplicaciones (a menudo abreviadas como apps)
Barra de tareas y Menú Inicio	Muelle
Bandeja	Menulets
Papelera de reciclaje	Basura
Gestor de tareas	Monitor de actividad
Medios de comunicación	iTunes

Transferencia de documentos

Lo que más preocupa a mucha gente a la hora de actualizar un ordenador es cómo pasar toda la información del ordenador antiguo al nuevo. En el caso de los Mac, es una tarea bastante sencilla; incluso puedes llevarlo a tu Apple Store local para obtener ayuda gratuita (se necesita cita previa, así que no entres sin más).

Si no quieres esperar a una cita o simplemente te gusta hacer las cosas por tu cuenta, ya existe una herramienta en tu ordenador que te ayudará: se llama Asistente de Migración.. Ten en cuenta que necesitas una conexión a Internet.

Para empezar, vaya a su ordenador con Windows y busque en cualquier motor de búsqueda "Asistente de migración de Windows"o vaya directamente a https://support.apple.com/kb/DL1557?locale=en_US. Una vez allí, descarga e instala el programa en tu ordenador Windows.

Desde su Mac, haga clic en el icono Launchpad (es decir, el cohete de la barra de tareas).

A continuación, haga clic en Otros y luego en Asistente de migración.

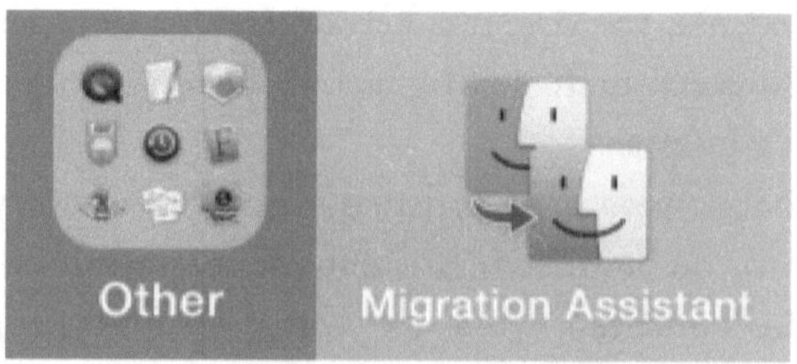

Para utilizar el Asistente de Migracióntodo lo que esté abierto en su Mac se cerrará, así que asegúrese de guardar su trabajo y no empiece hasta que esté listo.

En la configuración, haz clic en Continuar y, a continuación, selecciona "Desde otro Mac, PC, copia de seguridad de Time Machine u otro disco", luego seleccione Continuar y luego "Desde otro Mac o PC". La siguiente ventana debería mostrar el ordenador Windows desde el que desea transferir los archivos. Haz clic en Continuar, comprueba en el ordenador Windows que las contraseñas coinciden y vuelve a hacer clic en Continuar. Por último, el asistente le pedirá que seleccione los tipos de archivos que desea transferir.

Si no haces el asistente de inmediato, siempre puedes utilizarlo más adelante. No hay un plazo para usarlo, así que si desentierras un ordenador Windows y quieres transferirlo todo desde él, la opción siempre estará ahí.

Compatibilidad

Ahora que ya lo tienes todo copiado, hablemos brevemente de la compatibilidad. Aunque muchos archivos se abrirán en un Mac, el software no lo hará. Esto significa que si tienes Word en Windowsla mayoría del software más popular (como Word) está disponible para Mac, pero tendrás que comprarlo.

No te estreses demasiado; la mayoría de los archivos que acabas de transferir seguirán abriéndose aunque no compres software para abrirlos. Los archivos de Word (Doc, Docx), por ejemplo, se abrirán en Pages (que es gratuito en los nuevos Mac).

Si su archivo no se abre, probablemente podrá encontrar en Internet software gratuito que lo abra.

Asistente de configuración

Si arrancas el Mac por primera vez (y eres el primer propietario), lo primero que ocurrirá es que un asistente de configuración automático te guiará para crear una cuenta y configurarlo todo.

Lo primero que debe hacer es seleccionar su país; si no ve el suyo, haga clic en Ver todos. Haz clic en Continuar cuando termines cada sección. A continuación, elige la distribución del teclado; si eres angloparlante, Estados Unidos es probablemente tu primera opción, pero si vas a escribir principalmente en otro idioma (como el chino), quizá prefieras elegir ese país, que podrás cambiar más adelante.

Elegir la red inalámbrica es lo siguiente que verás después de hacer clic en Continuar-no tienes que configurar la red inalámbrica en este punto, pero si lo haces, también se activará el Asistente de Migración (que le ayudará a transferir archivos); todo esto es opcional, por lo que puede omitirlo (también puede volver a él más tarde).

La siguiente pantalla es una de las más importantes: introducir tu ID de Apple. Si tienes algún otro dispositivo Apple (iPad, iPod, iPhone, etc.) o si tienes un ID que utilizas con Windowsentonces querrás utilizarlo porque todas las aplicaciones, música y otros medios por los que has pagado están vinculados a tu cuenta. Si no tienes una, tienes la opción de conseguirla: es gratuita e incluye iCloud (también gratuito), del que hablaré más adelante.

La siguiente parte de la configuración es Buscar mi Mac (para la que necesitas iCloud para ello); se trata de una gran función que te permite ver dónde está tu Mac desde tu navegador de Internet; si te lo han robado, también te permite borrar todo tu contenido.

Después de aceptar los términos, se te llevará a la selección de la Zona Horaria. Después de eso, se le preguntará si desea habilitar el iCloud Llavero. ¿Qué es el Llavero de iCloud? Básicamente, almacena contraseñas en la nube para que puedas utilizarlas en cualquier dispositivo.

A continuación, decide si quieres enviar diagnósticos y datos de uso a Apple; todo esto se hace con fines estadísticos para ayudar a Apple a mejorar su software y hardware, pero depende totalmente de ti. Si decides hacerlo, no ralentizará tu ordenador: todo se hace en segundo plano. Después de este paso, decide si quieres registrar tu instalación con Apple.

Por fin está listo para empezar a utilizar su Mac.

[3]

¿Qué es Ventura?

Este capítulo tratará:

- Novedades de la última actualización

Ventura OS es el último sistema operativo disponible para Mac. Aunque Ventura es gratuito, no está disponible para todos los dispositivos; si tienes un Mac antiguo, puede que sea el momento de actualizarlo para obtener todas las nuevas y mejores funciones. Los siguientes dispositivos son compatibles, a partir de este escrito:

-iMac (2017 o posterior)

-iMac Pro (2017)

-MacBook Air (2018 o posterior)

-MacBook Pro (2017 o posterior)

-Mac Pro (2019)

-Estudio Mac (2022)

-Mac Mini (2018 o posterior)

-MacBook (2017)

También hay que tener en cuenta que no todas las funciones están disponibles en los modelos más antiguos. Por lo tanto, si oyes a alguien hablar de una gran novedad en su Mac y no la ves, probablemente sea porque tienes un Mac antiguo.

Si no estás seguro de qué número de modelo tienes, ve al icono de Apple situado en la esquina superior izquierda de la pantalla y, a continuación, haz clic en Acerca de este Mac.

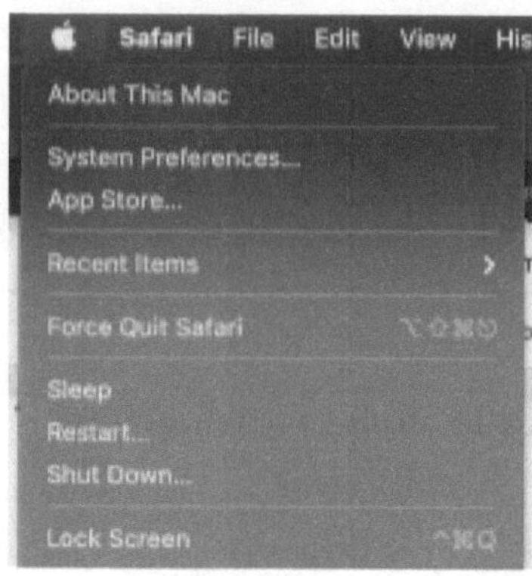

Esto te mostrará qué sistema operativo estás ejecutando, el tipo de ordenador que tienes y el número de serie.

¿Qué hay de nuevo?

Si estás interesado en el ecosistema de Apple, te encantará lo familiares que son todos sus dispositivos: sí, tienen tamaños y formas diferentes, pero las funciones de unos suelen ser casi idénticas a las de otros.

Mensajes tiene varias funciones nuevas, como editar un mensaje (pero sólo durante los primeros 15 minutos); anular el envío de un mensaje (pero sólo durante los dos primeros minutos), marcar un mensaje como no leído y recuperar mensajes borrados hasta 30 días después. Con SharePlay para mensajes, también puedes sincronizar películas, música y mucho más con tus amigos a través de iMessage. Los mensajes no enviados también llegan a la aplicación de correo del iPad: Mail, además de programar el envío, el seguimiento y recordármelo.

Spotlight (así es como se buscan las cosas en macOS) ha añadido la posibilidad de buscar algo más que archivos: puedes buscar imágenes, resultados web y mucho más.

Si te gustaban los grupos de pestañas en Monterey, te encantarán en Ventura; ahora puedes compartir esos grupos de pestañas con amigos; así que si, por ejemplo, estás planeando unas vacaciones con otras personas, puedes compartir un grupo de pestañas para que todos estéis en la misma página.

Una de las grandes novedades de iPadOS es Stage Manager. Stage Manager permite cambiar el tamaño de las apps en ventanas y facilita la multitarea.

Éstas son sólo algunas de las mejoras más importantes, pero hay otras más pequeñas que se tratarán en este libro.

[3]

Aprendamos lo básico

Este capítulo tratará:

- El escritorio
- Modo oscuro
- Modo dinámico
- Iconos apilados
- Menú
- El muelle
- Vista dividida
- Software de pestañas
- Vídeo imagen sobre imagen

La mejor forma de aprender es haciendo, así que seguro que estás deseando mojarte las manos y empezar a usar el Mac. Sin embargo, si eres nuevo en Mac, esto puede resultar un poco intimidante: no es difícil de usar, pero, como mínimo, tienes que saber lo que estás viendo. En este capítulo, te daré un curso intensivo sobre la interfaz de MacOS. Al final del capítulo, no serás un experto, pero sabrás dónde están las cosas y cómo empezar a abrirlas y usarlas.

Teclado

¡¿El teclado?! Sé lo que estás pensando: ¡un teclado es un teclado! Bueno, más o menos. Si bien es cierto que puedes usar un teclado Windows en un Mac, hay teclados (incluido el que viene gratis con tu Mac o integrado en tu MacBook) diseñados específicamente para Mac.

No hay muchas diferencias; a continuación se exponen las cuatro principales.

Llave de Manzana

En un teclado Windows hay un botón que se parece a una bandera de Windows llamado Botón de Windows. No tiene sentido poner un botón de Windows en un teclado Mac, así que donde normalmente está el botón de Windows, encontrarás el botón de Apple, ¡que no se parece en nada a una manzana! En realidad tiene este aspecto (⌘); se conoce más comúnmente como el Botón de Comando, aunque algunas personas también lo llaman la Tecla Trébol y la Tecla Pretzel.

Suprimir (Retroceso)

En un teclado Windows el botón de retroceso es una tecla "Suprimir hacia atrás" y el botón de borrado es una tecla "Suprimir hacia adelante" (que elimina el espacio situado inmediatamente después del cursor). En un teclado Mac, la tecla de retroceso se denomina "Suprimir" y se encuentra exactamente en el mismo lugar que la tecla de retroceso de Windows. La mayoría de los teclados Mac ya no tienen la tecla "Forward Delete", aunque los más grandes sí la tienen: se llama "Supr->". Si no la ves, puedes utilizar la tecla de suprimir hacia delante pulsando el botón FN (esquina izquierda del teclado) y la tecla Supr.

El escritorio

Con suerte, a estas alturas, tus archivos ya se han transferido, has completado el arranque inicial y tienes una bonita imagen en tu escritorio. Por fin estás listo para utilizar tu ordenador.

El escritorio es el lugar en el que pasarás gran parte de tu tiempo, así que vamos a dedicarle un rato a conocerlo.

Lo primero que debes notar es que no es muy diferente de Windows: es un gran espacio que puedes dejar vacío o llenar con iconos o documentos.-es un vasto espacio que puedes dejar vacío o llenar con iconos o documentos.

Apple tiene un oscuro secreto

En lo más profundo de los pasillos de Apple, los desarrolladores han estado trabajando en algo muy... oscuro. Se llama Modo Oscuro. ¿Alguien quiere adivinar qué pasa cuando lo activas? Si has dicho "los emoticonos de Disney bailan alegremente en tu pantalla", vuelve a leer la pregunta. Entonces, ¿qué es el modo oscuro y por qué querrías usarlo?

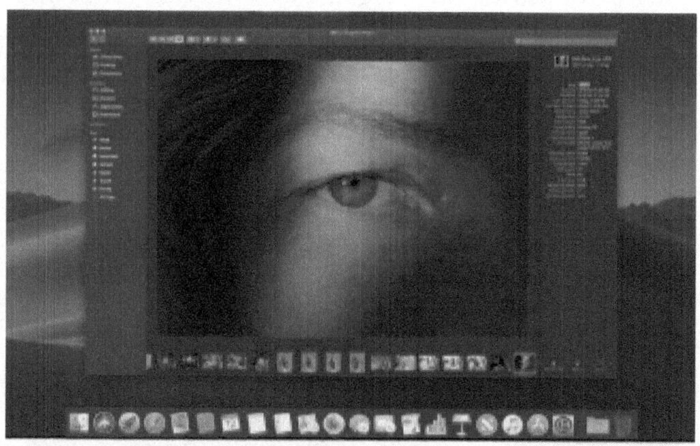

El objetivo del modo oscuro es poner énfasis en lo que estás trabajando o en lo que necesitas encontrar. Digamos que estás editando una foto. ¿Qué es lo importante? La foto. Todas esas cosas en el fondo son sólo ruido. A veces necesitas el ruido para lo que estás trabajando, pero trabajarás más eficazmente si las oscureces. No es que las cosas del fondo sean más difíciles de ver: el contraste te ayuda a ser más creativo. Al menos eso es lo que piensa Apple. Si piensas lo contrario, tienes la opción de desactivarlo.

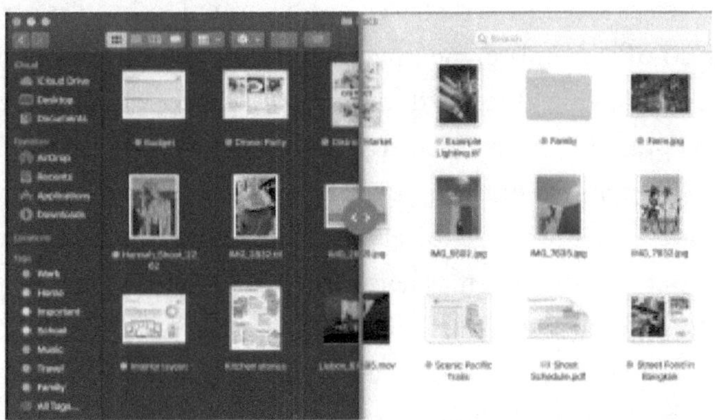

En la imagen de arriba, puedes ver la diferencia entre el modo oscuro (izquierda) y el modo claro (derecha). En modo oscuro, esas miniaturas deberían resaltar un poco más que en modo claro.

No todas las apps tendrán un aspecto diferente. Depende de la empresa que crea la aplicación rediseñar una aplicación que lo aproveche. Es evidente que Apple ha actualizado muchas de sus aplicaciones (como CalendariTunesMail).

Si has actualizado a macOS Catalina, se te preguntará si quieres activarlo. Si quieres activarlo, o si lo has desactivado pero ahora quieres activarlo, es muy fácil:

Ve a Preferencias del Sistema (lo encontrarás en el área de inicio de aplicaciones de tu Dock).

Seleccione General y elija la opción.

Cuando estés en Preferencias del Sistema > General, también verás que tienes la opción de cambiar el color de acento que va junto con el modo claro / oscuro; esto cambia todas las flechas, botones, etc. en todo el sistema operativo. Siempre puedes volver a la configuración por defecto, así que no tengas miedo de jugar: ¡no romperás nada!

¡Es dinámico!

A Apple siempre le gusta poner énfasis en hacer las cosas más estéticamente agradables cuando actualiza el sistema operativo. El modo oscuro es una forma de hacerlo; Dynamic Desktop es otra.

Cuando oí el nombre, me imaginé que permitiría que tu fondo de pantalla cobrara vida al tener algo más... dinámico, como que el fondo de pantalla pudiera ser un vídeo en bucle o algo así. Por desgracia, es un poco menos dinámico que eso, pero sigue siendo una función genial.

¿En qué consiste? Bueno, el fondo de pantalla de tu escritorio cambiará, pero es un poco más lento. Básicamente, el fondo de pantalla cambia de aspecto dependiendo de la hora del día que sea. Así, en el ejemplo de Apple, hay una imagen del desierto de Mojave; por la mañana es brillante y a lo largo del día se va oscureciendo.

Para utilizarla, asegúrate de que tienes activada la serie de ubicaciones: el sistema operativo tiene que saber qué hora es en tu zona horaria.

Este sistema operativo está apilado

Mac destaca en muchos aspectos; uno de los más importantes es cómo te mantiene organizado. Apple siempre está trabajando duro pensando en cómo ayudarte a estar organizado y mantener todo tu contenido estructurado de forma que sea fácil de encontrar.

Apple es un poco como una biblioteca; otros SO son un poco como librerías de segunda mano. Ambos lugares tienen lo mismo: libros. Pero uno está organizado de tal manera que te ayuda a encontrar lo que necesitas rápidamente; el otro está organizado de tal manera que realmente tienes que buscar las cosas.

Si su escritorio se parece un poco a la imagen de abajo, entonces Stacks puede ayudarte.

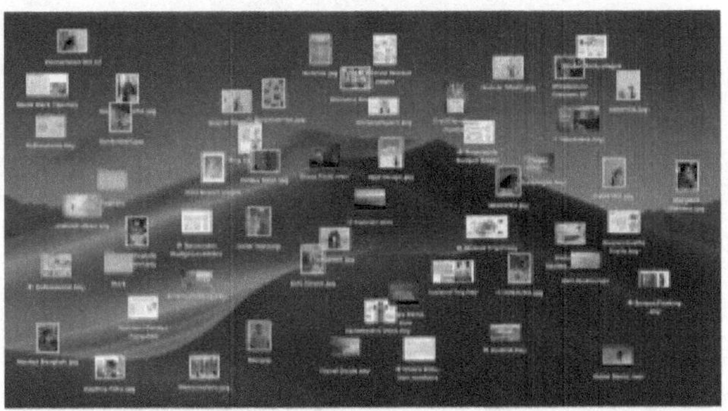

¿Cómo limpia Stacks limpia este desorden? Cuando está activado, la captura de pantalla anterior se parecería un poco a la de abajo.

Todo sigue ahí, pero agrupado. Todas las imágenes, documentos y películas están en un grupo. Si quieres ver algo dentro de ese grupo, haz clic en la miniatura y se desplegará. Si añades un nuevo archivo a tu escritorio, se coloca automáticamente en el grupo correspondiente.

Si estás en tu escritorio, puedes activarlo haciendo clic y seleccionando Usar pilas. También puedes hacerlo entrando en Finder y seleccionando Usar pilas. También puedes elegir cómo quieres que se apilen las cosas. Por defecto, es por tipo, pero también puedes apilar por fecha o etiqueta.

Si desea desactivarlo, repita el proceso anterior pero desmarque Usar pilas.

Barra de menús

Una de las diferencias más notables entre Windows y Mac en el escritorio es la barra de menú superior. Volveré a referirme a esta barra de menús a lo largo del libro, pero ahora lo que necesitas saber es que esta barra cambia con cada programa que abres, pero algunas de las funciones siguen siendo las mismas. La manzanita, por ejemplo, nunca cambia: si haces clic en ella, siempre aparecerán opciones para reiniciar, apagar o cerrar la sesión del ordenador. La pequeña lupa del extremo derecho también está siempre ahí. Cada vez que la pulses, podrás buscar archivos, correos electrónicos, contactos, etc. en tu ordenador.

Menulets

En la parte superior derecha, verás varios "menulets", que incluyen Bluetoothconectividad inalámbrica, volumen, batería, hora y fecha, el nombre de la cuenta con la que se ha iniciado sesión, Spotlight y Notificaciones.así como otros iconos de terceros (si están instalados).

A medida que avance el libro, volveremos a referirnos a esta parte del menú.

Foco

Spotlight solía ser la forma de encontrar archivos. Todavía lo es. Pero ha evolucionado mucho más que eso. Escribe una palabra o frase (yo uso fotos de perros en el ejemplo de abajo) y empieza a buscar no sólo archivos, sino coincidencias en la web, documentos en los que se utiliza la fase dentro de ella, sugerencias de Siri y mucho más.

Puedes encontrar Spotlight en la esquina superior derecha de tu Mac: es la pequeña lupa.

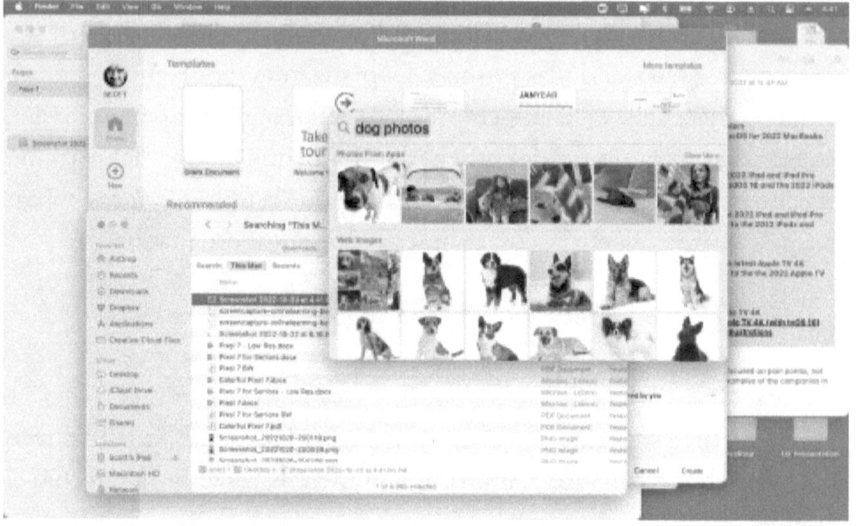

Centro de control

Si tienes otros dispositivos Apple, puede que notes que las cosas en el Mac te resultan un poco familiares. Es a propósito. En cada actualización, los Mac añaden nuevas prestaciones que se parecen a las que encuentras en iPhones y iPads. Esto ayuda a que la experiencia sea más sencilla, lo que facilita la puesta en marcha.

Esto es especialmente cierto con el Centro de Controlque está en el menú superior, justo al lado del icono de Siri de Siri. Al hacer clic en él, aparecerán una serie de opciones. Aquí es donde puedes cambiar el Wi-Fireflejar la pantalla, etc.

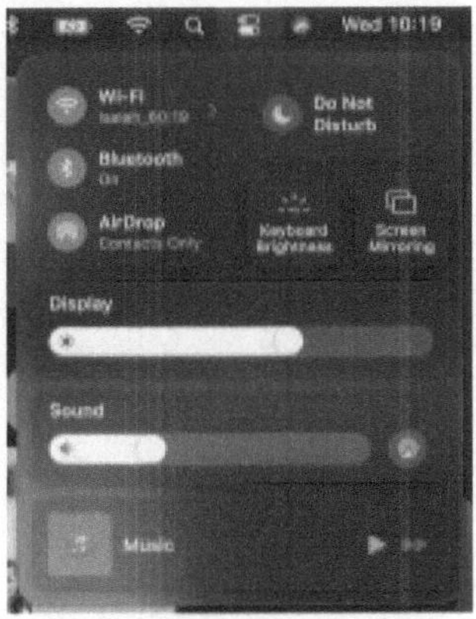

Puede que no parezcan muchas opciones, pero cada control tiene subcontroles. Sólo tienes que hacer clic en la flecha junto a él.

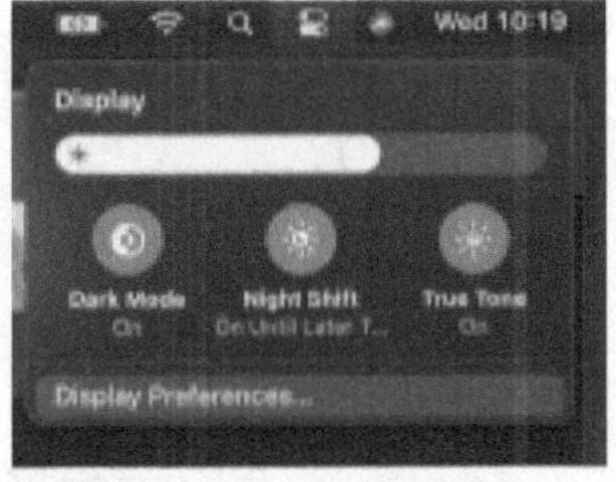

Muelle

Windows tiene una barra de tareas en la parte inferior de la pantalla, y Mac tiene un Dockel Dock es donde están todas las aplicaciones que utilizas habitualmente.

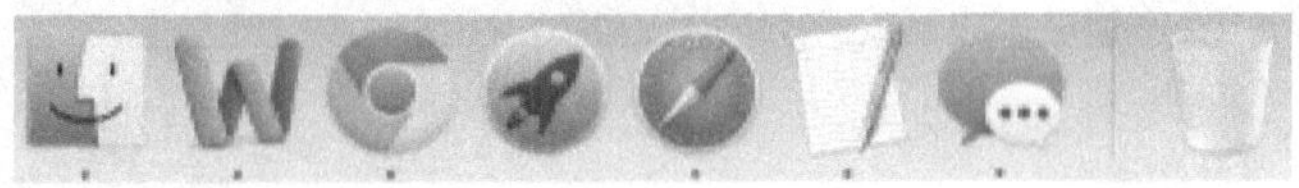

Si ves un puntito debajo del icono, significa que el programa está abierto. Si quieres cerrarlo, haz clic en el icono con dos dedos para que aparezcan las opciones y, a continuación, haz clic en Salir.

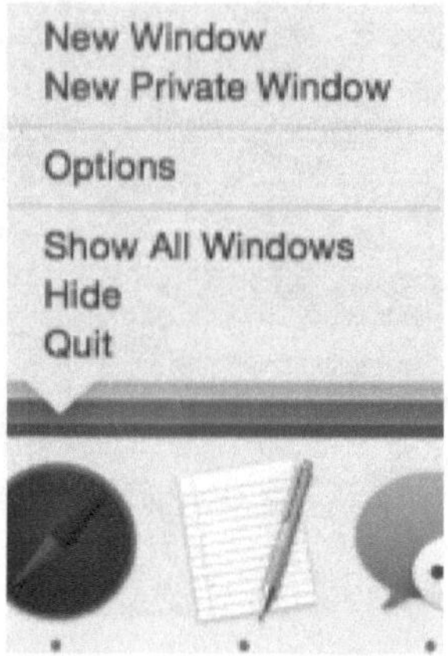

Eliminar un programa del Dock es muy sencillo: arrastre el icono a la Papelera y suéltelo. Esto no eliminará el programa, sólo el acceso directo. BuscadorPapelera y Launchpad son los únicos programas que no puedes eliminar.

Si desea añadir un programa al Docky ábralo; cuando aparezca el icono en el Dock, haga clic con dos dedos, vaya a Opciones y seleccione Mantener en Dock.

Basura

En el extremo derecho del Muelle está la Papelera. Para eliminar una carpeta, un archivo o una aplicación, arrastre el elemento a la Papelera, o haga clic con el botón derecho del ratón (con dos dedos) en el elemento y seleccione Mover a la Papelera en el menú emergente. Si quieres expulsar un disco o una unidad, como un iPod o una unidad flash USB, arrastra el volumen a la Papelera. Cuando el volumen pase por encima de la Papelera, el icono pasará de ser una papelera a un botón grande de expulsión. Suelta el ratón y el volumen será expulsado de forma segura y podrá ser retirado del ordenador. Para vaciar la Papelera, haz clic con el botón derecho del ratón (con dos dedos) en el icono de la Papelera en el Dock y selecciona Vaciar Papelera.

Puedes gestionar la Papelera por ti mismo, pero también recomiendo encarecidamente una aplicación llamada "Clean My Mac" ([2]https://macpaw.com/cleanmymac); es un poco cara, pero cuando yo la uso, normalmente me ayuda a liberar 1GB de almacenamiento sólo borrando archivos de instalación y extensiones que no necesito.

Botones de la aplicación

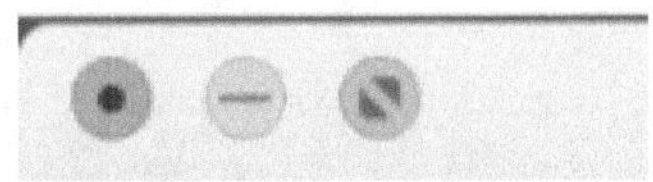

Las lucecitas de la imagen de arriba no tienen nombre. Algunos las llaman semáforos. Empezarás a ver muchos de ellos porque casi todos los programas de Mac los utilizan. En Windowslos habrás visto como

---

una X y un signo menos en la parte superior derecha de la pantalla. En un Mac, aparecen en la parte superior izquierda del programa en ejecución. La luz roja significa cerrar, la amarilla significa minimizar y la verde hace que la aplicación aparezca a pantalla completa.

Pantalla completa significa que el programa ocupa toda la pantalla e incluso el Dock desaparece. Puedes ver el Dock y otros programas rápidamente deslizando el Trackpad hacia la derecha con cuatro dedos. Para volver a la aplicación, desliza cuatro dedos hacia la izquierda.

Launchpad

Launchpad es esencialmente el menú Inicio de un Windows. Muestra tus programas.

Cuando hagas clic en él, verás filas de programas; puedes empezar a escribir inmediatamente para buscar una app, o simplemente buscarla. Si tienes muchas aplicaciones, probablemente tengas más de una pantalla. Desliza dos dedos hacia la izquierda para ver la siguiente pantalla.

Launchpad se inspira mucho en el iPhone y el iPad. Si quieres eliminar un programa, por ejemplo, hazlo de la misma forma que eliminas una aplicación de iPhone o iPad. Mantén pulsado el botón hasta que aparezca una X sobre él y, a continuación, haz clic en la X para eliminarlo. Del mismo modo, para reorganizar iconos, utiliza el mismo método que para reorganizar aplicaciones de iPhone o iPad: mantén pulsado sobre el icono hasta que empiece a temblar y, a continuación, muévelo hacia donde quieras. Incluso puedes agrupar programas del mismo modo que en el iPhone / iPad: mantén pulsado el icono y arrástralo sobre la aplicación con la que quieras agruparlo; finalmente, cuando aparezca la carpeta, puedes soltarlo.

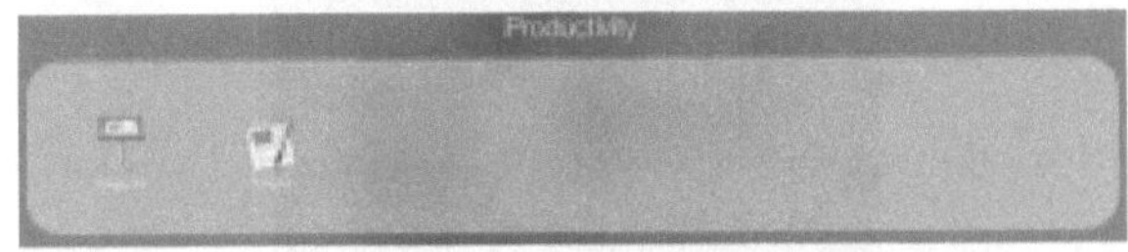

Después de eliminar un programa, puedes volver a descargarlo en cualquier momento, entrando en la App Store (siempre que lo hayas descargado de la App Store y no de un sitio web).

Notificaciones

En las últimas actualizaciones, Apple ha intentado replicar las características de iOS (iPad / iPhone); el objetivo es que el uso de un Mac se parezca mucho al de un dispositivo móvil. Este intento de replicar características es especialmente cierto con Catalina OS.

La notificación es una nueva característica de OS X Yosemite. Se puede encontrar en el botón de menú superior en todo momento; es a la esquina extrema derecha y se parece a esto:

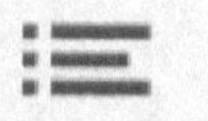

Púlsalo siempre que quieras ver alertas. También puedes acceder a ella deslizando dos dedos hacia la izquierda desde el borde del Trackpad.

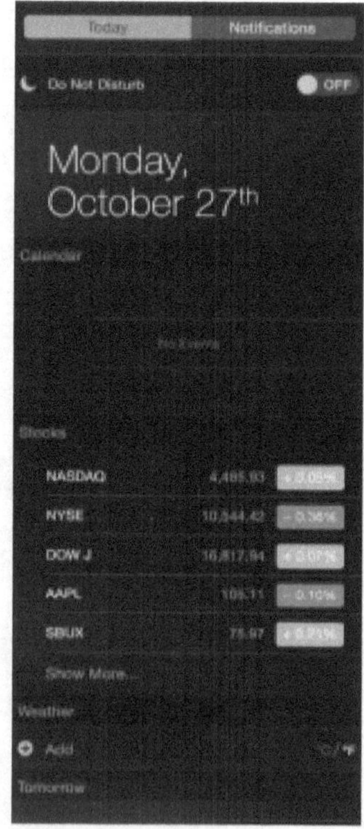

Si deslizas el dedo hacia abajo desde la parte superior de un iPad o iPhone, verás una pantalla similar. Hay dos partes en el menú menú: Hoy y Notificaciones.

La pestaña "Hoy" es donde verás las cosas que ocurren más al momento: qué tiempo hace, qué hay en tu calendario, qué pasa con tus acciones, etc. La pestaña Notificaciones es donde verás cosas como mensajes de Facebook o correos electrónicos. Más adelante te enseñaré a personalizarla.

Director de escena

Stage Manager es una forma de realizar multitareas entre aplicaciones. Mira el siguiente ejemplo. ¿Notas cómo hay varias ventanas abiertas en segundo plano? Es difícil navegar por ellas, ¿verdad?

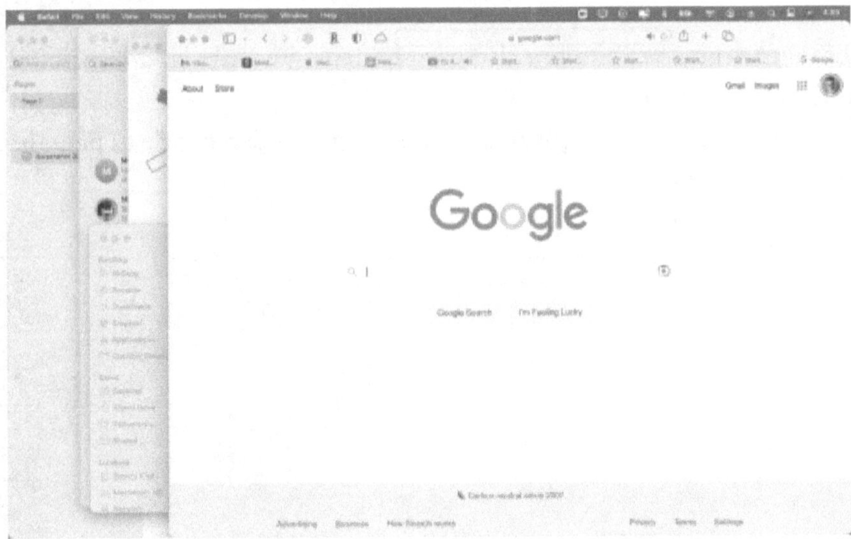

Con Stage Manager activado, se parece a la imagen de abajo.

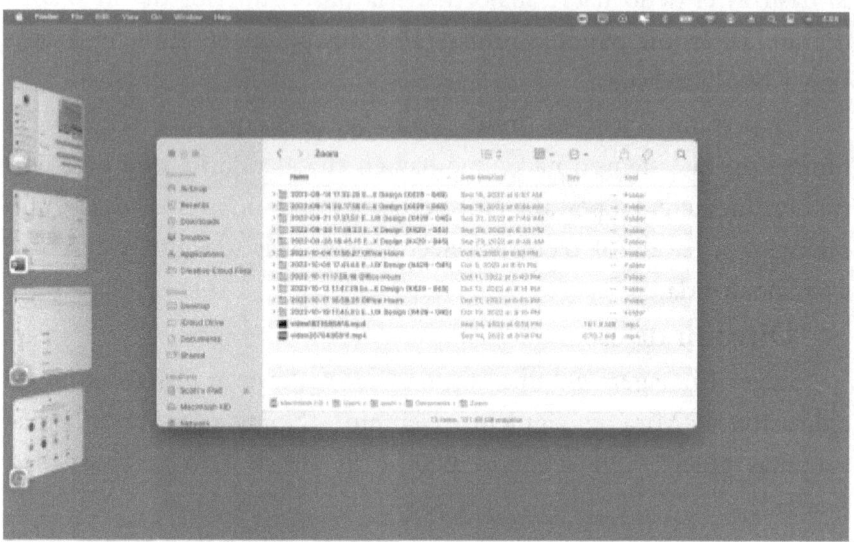

Las miniaturas te permiten alternar rápidamente entre las aplicaciones que tienes abiertas.

Ve al centro de control en la esquina superior derecha de tu pantalla para encenderlo.

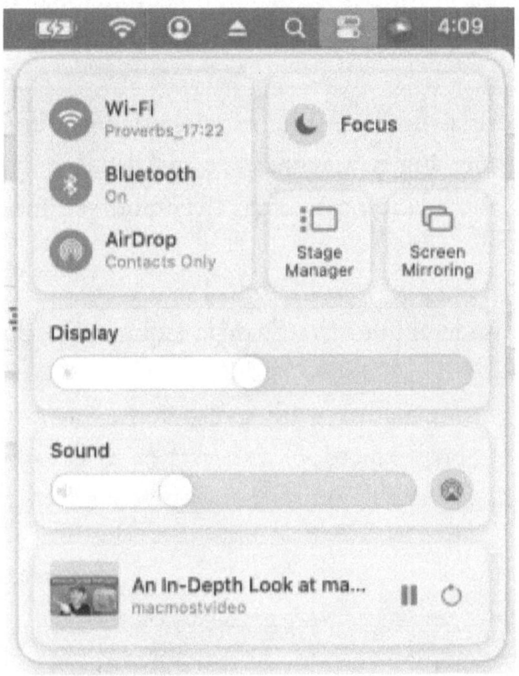

Vuelve a pulsarlo para desactivarlo. Cuando vuelvas a pulsarlo, también te dará la opción de cómo quieres ordenar las aplicaciones.

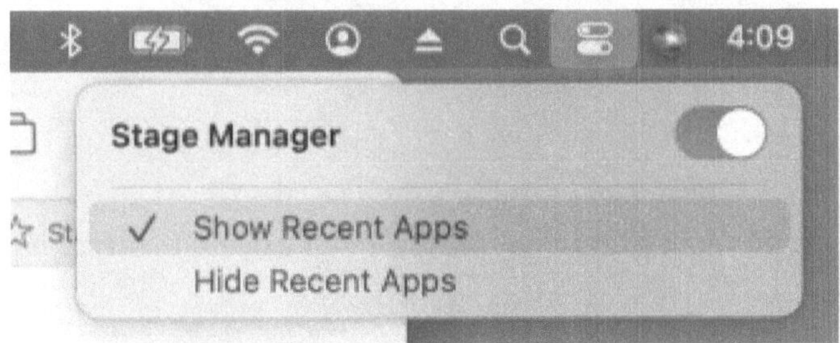

Vista dividida

La vista dividida es quizás la mayor característica añadida a OS X. Te permite ejecutar dos aplicaciones una al lado de la otra, pero hay un problema: no todas las aplicaciones son compatibles. Así que si te estás rascando la cabeza porque esta función no te funciona, lo más probable es que no sea porque lo estés haciendo mal, sino porque la aplicación no es compatible.

Hay dos formas de hacer que funcione la vista dividida. Veamos las dos. En primer lugar, asegúrese de que las dos aplicaciones que desea ejecutar lado a lado no se están ejecutando en modo de pantalla completa.

Método 1

Mantén pulsado el botón verde de la esquina superior izquierda de tu aplicación.

Aparecerá un recuadro azul transparente; arrastra y suelta la aplicación en él (por defecto, el azul está en el lado izquierdo, pero si arrastras hacia la derecha, también se volverá azul y podrás soltarla dentro).

A continuación, haga clic en el programa que desee utilizar en paralelo.

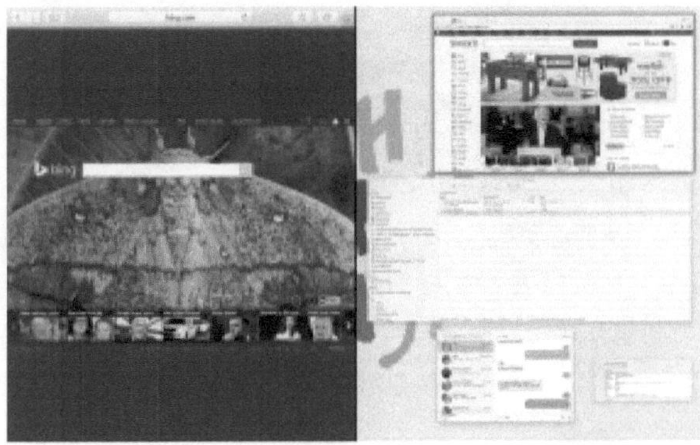

Aparecerá una ventana de lado a lado; puede utilizar la línea negra central para hacer una más grande o más pequeña, arrastrando hacia la izquierda o hacia la derecha.

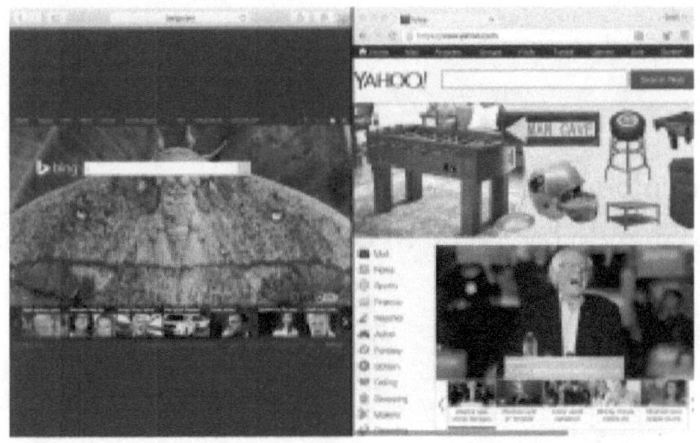

Para volver a la vista normal, haz clic de nuevo en el botón verde de la esquina superior izquierda de la aplicación (también puedes pulsar la tecla ESC del teclado).

Método 2

Como probablemente estés notando, la mayoría de las cosas en OS X pueden suceder por varios métodos diferentes; la vista lado a lado tiene dos. La segunda forma de conseguir aplicaciones es abrir tu Mission Control, y arrastrar la aplicación al menú superior.

Verás que aparece un recuadro gris y que el recuadro parece dividirse.

Una vez que coloques la aplicación en ese cuadro, verás una vista previa en paralelo. Cuando hagas clic en la vista previa, se maximizará.

Volver a la pantalla no dividida se hace de la misma manera que en el método 1 (haga clic en el recuadro verde de la esquina superior izquierda o pulse la tecla ESC del teclado).

Software de pestañas

Si alguna vez ha utilizado Pestañas en Internet Explorer o Chromeentonces la siguiente función puede interesarte. Te permite abrir documentos (como Mapas y Pages) con visualización por pestañas. Nota: no todas las aplicaciones de Mac son compatibles con esta función.

Para utilizarlo, abre dos ventanas de la misma aplicación. Utilizaré Mapas en el siguiente ejemplo.

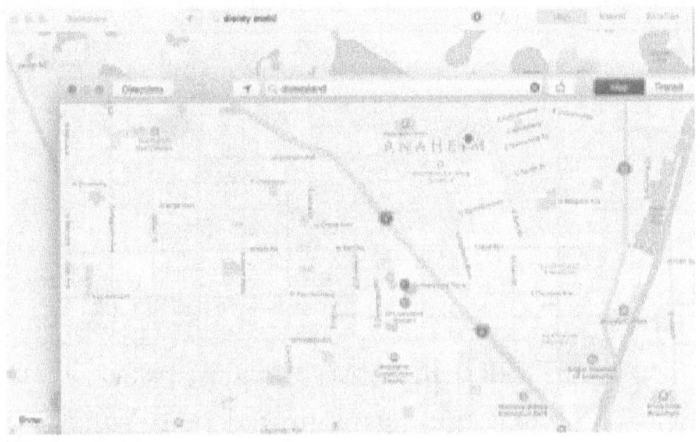

A continuación, vaya a Ventana y Combinar todas las ventanas.

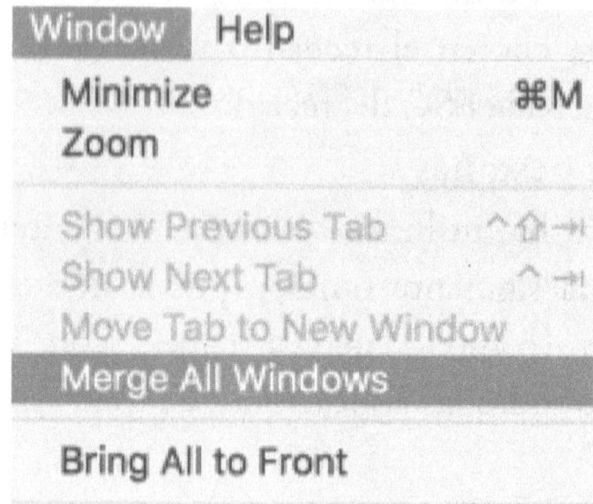

Sus ventanas deberían estar ahora fusionadas.

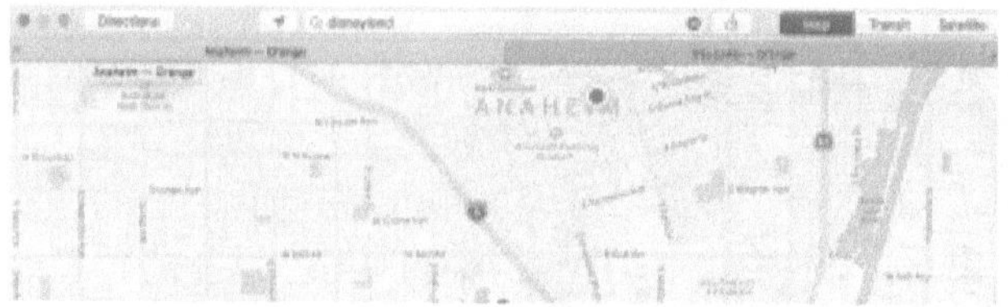

Vídeo Picture-In-Picture

Si quieres ver un vídeo mientras trabajas, ¡estás de suerte! Si ya tienes el vídeo (un vídeo que has comprado en iTunespor ejemplo), empieza a reproducir el vídeo y ve a Ver y Flotar encima.

Pero, ¿qué pasa con los vídeos web? ¿Como Vimeo y YouTube? Eso también es fácil. Haz doble clic en el vídeo que estás viendo y selecciona Introducir imagen en imagen.

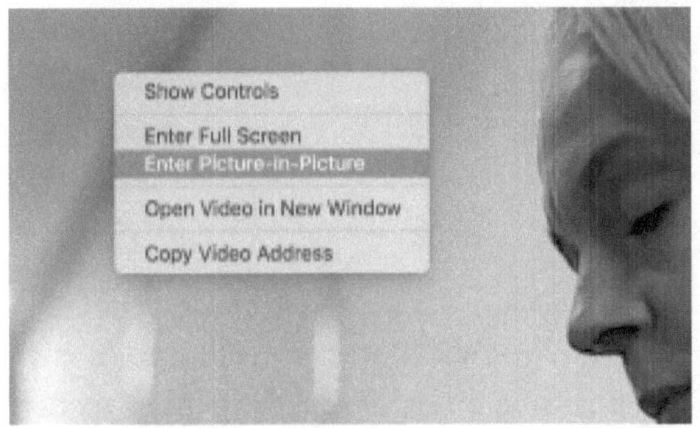

Tu vídeo empezará a reproducirse inmediatamente por encima de otras ventanas.

[4]

¿Dónde está...

Este capítulo tratará:

- Buscador
- Vista de la galería
- Otras vistas en Finder
- Buscador pestañas
- Etiquetas

Una de las mejores cosas de Mac es lo fácil que es encontrar cosas. Windows tiene una función de búsqueda, pero es tosca y no siempre funciona como uno espera. En este capítulo explicaré cómo encontrar cosas.

Buscador

El primer icono del Dock-uno de los tres que no se pueden borrar ni mover- es el icono del Finder del Finder.

Finder es el equivalente en Mac del Explorador en un como su nombre indica, encuentra cosas. Finder es bastante ingenioso y potente, así que esta sección será un poco más larga que otras porque hay mucho que puedes hacer con él.

Empecemos haciendo clic en el icono Finder del buscador.

Buscador Reimaginado

Buscador es la forma de encontrar cosas en un Mac: un nombre ingenioso, ¿verdad? Como muchas cosas en macOS, hay similitudes entre cómo funciona en Mac y en iPhone. Sin embargo, Mojave ha añadido algunas funciones nuevas que aún están presentes en Catalina y que deberías conocer.

Vista de la galería

Hay varios tipos diferentes de vistas en Finder (donde se encuentran cosas como el Explorador de archivos en Windows). Ejemplos de vistas son: lista, columnas e iconos. La vista de galería era una nueva vista en Mojave que todavía se ve en Catalina.

La vista de galería muestra una gran vista previa del archivo con miniaturas de todo lo que hay en el directorio debajo de él. Y cuando hablamos de "vista previa" no nos referimos sólo a imágenes, sino a todo tipo de documentos. Si es un PDF, por ejemplo, puedes ver una vista previa del PDF.

A la derecha del archivo, hay un panel lateral que te indicará los metadatos más detallados del archivo.

Acciones rápidas

En Apple todo gira en torno a la eficiencia; para ser más eficiente, ayuda poder hacer las cosas un poco más rápido. Ahí es donde ayudan las Acciones Rápidas. Con las Acciones rápidas puedes, por ejemplo, cambiar la orientación de un archivo o añadir protección por contraseña. Las acciones disponibles dependen del tipo de archivo.

Otros puntos de vista

Hay otras cuatro formas de ver las carpetas en tu Mac: iconos, listas, columnas y Cover Flow. Las diferentes vistas tienen sentido para diferentes tipos de archivos, y puedes cambiar la vista utilizando los iconos de Opciones de vista (imagen de abajo).

Cubierta Vista de flujo

Cover Flow te permite pasar rápidamente por las miniaturas / vistas previas de las fotos (es un poco como Film Strip en Windows); también puedes ordenar cualquiera de las columnas haciendo clic en el encabezado: si buscas un archivo más grande, haz clic en la columna Tamaño, o si buscas un archivo reciente, elige la columna Fecha de modificación.

Vista de iconos

La vista de iconos puede ayudarte si necesitas ordenar varios archivos de imagen o aplicaciones. Te ofrece una miniatura de cada imagen o un icono para cada archivo o aplicación.

Ver lista

La vista de lista, por otro lado, le ofrece más información sobre el archivo, incluida la fecha en que se modificó por última vez. Es la vista perfecta para ordenar.

Vista de columna

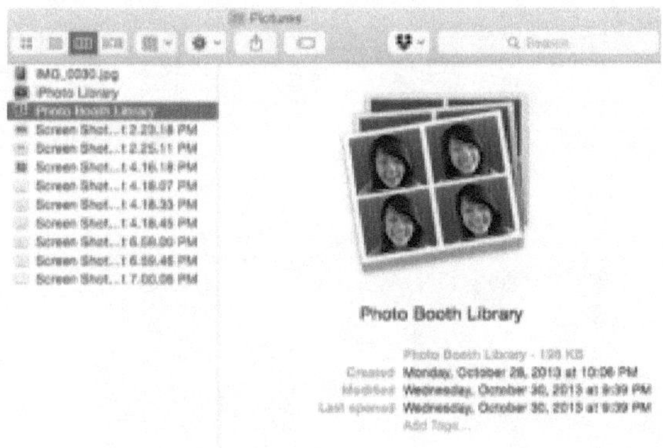

Por último, la vista de columnas, que es una especie de híbrido entre la vista de lista y la vista de flujo de portadas. Muestra la jerarquía de carpetas en la que se encuentra un archivo. Observe que Finder no incluye el botón de Windows "subir un nivel": la vista de columnas es una buena forma de obtener los mismos resultados y navegar fácilmente por la estructura de archivos.

Clasificación en el Finder

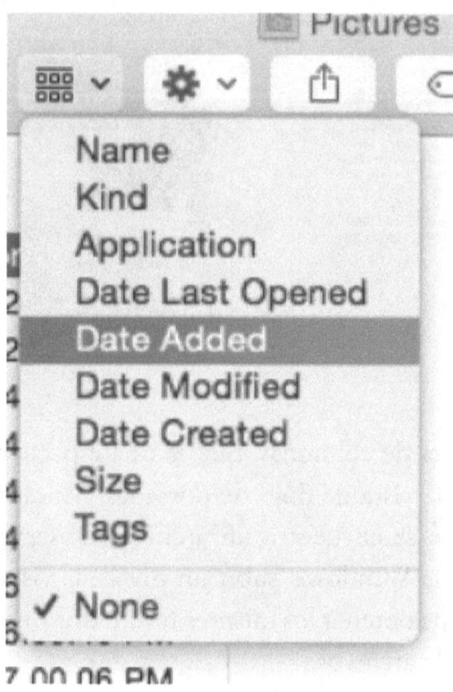

Finder te ofrece varias formas de ordenar tus archivos y carpetas. Puedes ordenarlos por nombre, tipo, la aplicación necesaria para abrir el archivo (como Microsoft Word, por ejemplo), la fecha de creación, modificación o apertura, el tamaño del archivo y las etiquetas que hayas aplicado.

Gestión de archivos

La mayoría de las tareas de gestión de archivos en OS X son similares a las de Windows. Los archivos se pueden arrastrar y soltar, copiar, cortar y pegar. Si necesitas crear una nueva carpeta, utiliza el icono de engranaje en Finderque te dará la opción que necesitas.

Catalina también te permite renombrar archivos por lotes (es decir, renombrar varios archivos a la vez en lugar de uno cada vez), lo que puede ahorrarte horas de tiempo, dependiendo de tu sistema de archivos. Para ello, selecciona los archivos que quieras renombrar (pista: usa Comando-clic para seleccionar varios archivos, o Comando-A para seleccionarlo todo). A continuación, haz clic con el botón derecho (con dos dedos) en los archivos seleccionados y elige "Renombrar X elementos".

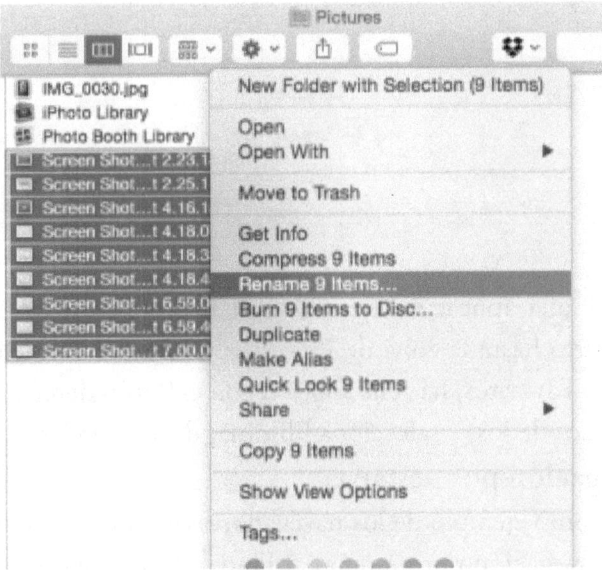

A continuación, tendrás la opción de sustituir el texto o añadir texto a los nombres de los archivos.

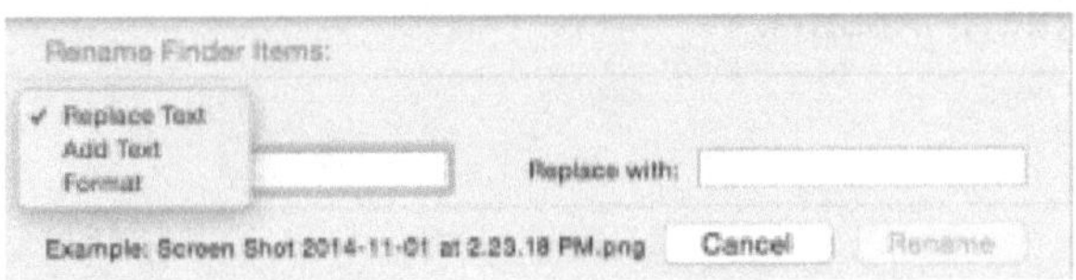

Favoritos

Si miras a la izquierda de la ventana del Finder verá una barra lateral Favoritos. Esta sección incluye carpetas de alta frecuencia, como Documentos, Imágenes, Descargasetc.

Para añadir una aplicación o archivo al menú Favoritos sólo tienes que arrastrarlo hasta la zona de Favoritos y soltarlo. Para eliminar un elemento de Favoritos, haz clic sobre él con el botón derecho del ratón (pulsa con dos dedos) y selecciona Eliminar de la barra lateral.

Navegación por pestañas

Apple tomó ejemplo de los navegadores de Internet al añadir algo llamado "Navegación por pestañas"al Finder. Básicamente, en lugar de tener varios cuadros del Finder abiertos (que es como había que hacerlo en los sistemas operativos más antiguos) se abren pestañas. Para abrir una pestaña adicional del Finder, pulsa Comando-T o haz clic en Archivo y Nueva pestaña.

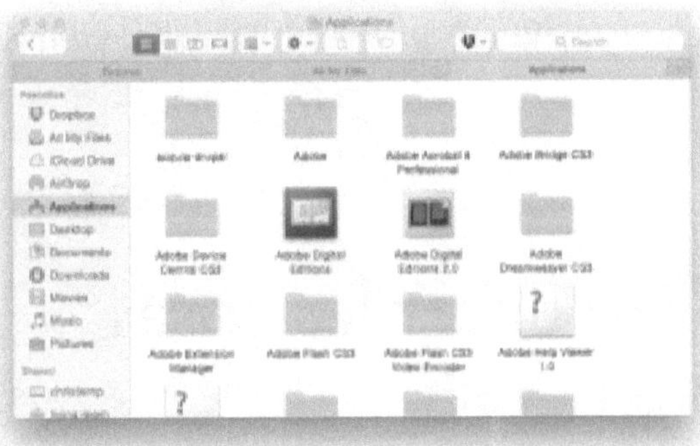

Si desea combinar todas las ventanas con pestañas, haga clic en Ventanas en el menú Archivo de la parte superior de la pantalla y, a continuación, Fusionar todas las ventanas.

Etiquetas

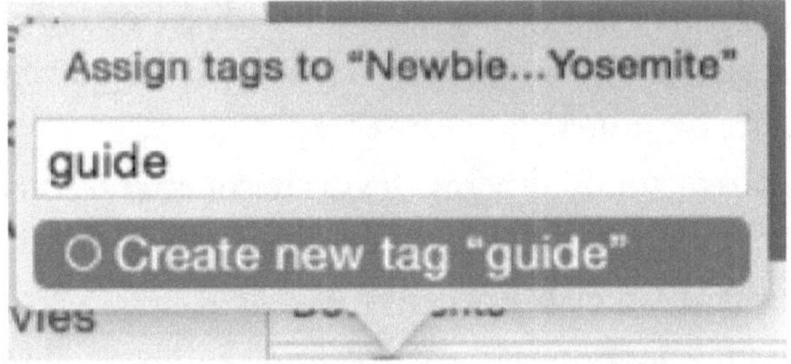

Si utilizas aplicaciones de fotografía como Flickr, probablemente ya lo sepas todo sobre el etiquetado; se trata básicamente de añadir temas a tu archivo para que sea más fácil de encontrar. Digamos que el archivo se refiere al año fiscal 2015: puedes añadir una etiqueta al archivo llamada "Impuestos 2015" o lo que quieras que sea. También puedes ponerle un código de colores.

Para asignar una etiqueta a un archivo (también puedes asignarla a una carpeta), haz clic en el archivo/carpeta con dos dedos y, a continuación, haz clic en etiquetas; si es la primera etiqueta, escríbela y pulsa Intro; si ya has etiquetado un archivo y quieres utilizar el mismo nombre, haz clic en el nombre de la etiqueta tal y como aparece.

[5]

Cómo hacer las cosas

Este capítulo tratará:

- Configuración de Internet
- Navegar con Safari
- Configuración y envío de correo electrónico

El Mac es una máquina preciosa, pero sólo puedes admirar ese escritorio durante un tiempo; al final, querrás conectarte a Internet: ¿de qué otra forma vas a conseguir tu dosis diaria de memes de gatos o mantenerte en contacto con el príncipe nigeriano que intenta darte dinero? En este capítulo te mostraré cómo.

Existen dos métodos: Ethernet (es decir, conectando un cable LAN al ordenador) e Inalámbrico.

Configuración con Ethernet

Todos los nuevos ordenadores Mac están equipados con Wi-FiLos iMac también tienen puertos para conectar un cable de red. Esta opción no está disponible en ninguno de los portátiles Mac, aunque puedes comprar un adaptador si es absolutamente necesario.

Si tienes un módem de Internet básico, la instalación es bastante sencilla. Sólo tienes que conectar un cable de red a tu concentrador de Internet y enchufar el otro extremo a tu Mac. Una vez enchufado, Internet debería funcionar.

Los Mac más nuevos vienen con radios inalámbricas de primera línea para Wi-Fipor lo que debería estar perfectamente bien sin usar el puerto Ethernet. Ethernet.

Configuración de una red inalámbricas

Configurar una conexión inalámbrica también es bastante sencillo. Sólo tienes que hacer clic en el menú Wi-Fi en la barra de menús. Se parece a la imagen de abajo y está cerca de la esquina superior derecha:

Siempre que haya una red inalámbrica dentro del alcance, aparecerá cuando hagas clic en ella (a veces tarda unos segundos en aparecer).

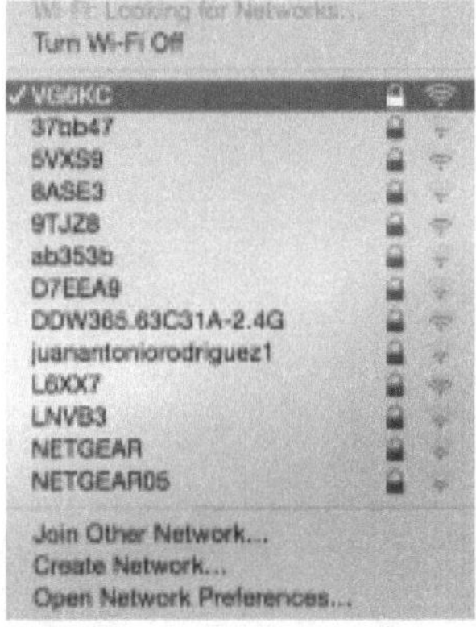

Si hay un candado junto al nombre de la conexión Wi-Fi necesitarás conocer el código de acceso (si se trata de una conexión a Internet doméstica, suele estar en la parte inferior del módem de Internet; si es en una empresa, tendrás que pedir el código). Si no hay candado, se trata de una red abierta. Sueles ver este tipo de redes en sitios como Starbucks.

Si se trata de una red bloqueada, en cuanto pulses sobre ella te pedirá el código; una vez introducido y pulses Conectar, estarás conectado (suponiendo que lo hayas añadido bien); si no está bloqueada, en cuanto pulses sobre ella, intentará conectarse.

Safari

Si has usado Safari antes, probablemente te parecerá un poco diferente. En 2021, Apple dio a Safari un lavado de cara para hacerlo aún más ingenioso. Es genial en macOS, pero aún mejor cuando tienes todo un ecosistema de dispositivos (es decir, iPad y iPhone).

Analicemos la anatomía del navegador y, a continuación, cómo funciona.

La barra de herramientas superior parece bastante vacía. Las apariencias engañan, porque hay mucho en ella. Empezando por el extremo izquierdo está el botón del menú lateral, que muestra las pestañas guardadas (más adelante hablaremos de ello), el modo de visualización privada, el historial y mucho más; en el centro puedes escribir o buscar el sitio web (el micrófono te permite decirlo en lugar de escribirlo) y, por último, el botón Más te permite abrir una nueva pestaña.

Las pestañas no parecen pestañas en MacOS. En el ejemplo siguiente, hay tres pestañas abiertas. La del medio es el sitio web abierto, las dos más pequeñas (Página de inicio y Amazon) son las pestañas abiertas, no activas.

Hay varias formas de cerrar una pestaña. Una es tocar la X junto al nombre del sitio web (sólo en la pestaña activa); la otra es hacer clic con el botón derecho en la pestaña y seleccionar cerrarla.

Si mantienes pulsado el botón Más, verás una lista de las pestañas cerradas recientemente que puedes volver a abrir.

Si necesitas abrir una pestaña privada (es decir, una ventana de pestaña que no guarda tus contraseñas ni tu historial; es ideal para comprar regalos si compartes un dispositivo), ve a Archivo>Nueva ventana privada.

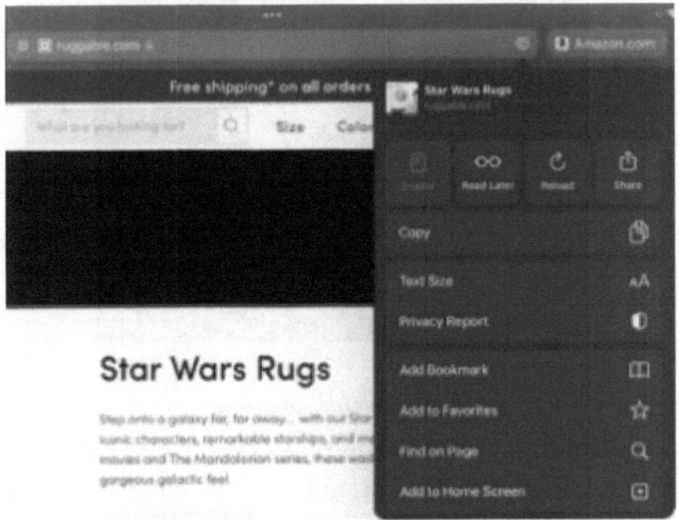

Opciones del sitio web

Cuando hagas clic en los tres puntos de la página que estás visitando, aparecerán varias opciones más. Aquí es donde irás si quieres añadir la página a tus Favoritos o añadirla a tus Favoritos (los Favoritos aparecen cada vez que inicias Safari cuando ha estado cerrado -se conoce como tu "Página de Inicio". También puedes compartir la página con alguien, cambiar el tamaño del texto y ver un Informe de privacidad. El Informe de privacidad muestra todos los rastreadores de una página, para que sepas qué información está recopilando una empresa sobre ti.

Opciones de menú

En el extremo izquierdo está la opción de abrir el panel de menús. El menú puede mostrarse mientras navegas, o puedes contraerlo una vez que encuentres lo que buscas.

Hay algunas cosas que puedes hacer aquí. La primera es Agrupar pestañas; hay muchas cosas que hacer en Agrupar pestañas, así que las repasaré en la siguiente sección. Página de inicio es tu página de inicio; Privado convierte tu navegador en una experiencia de navegación web privada donde tu historial web y tus contraseñas no se guardan.

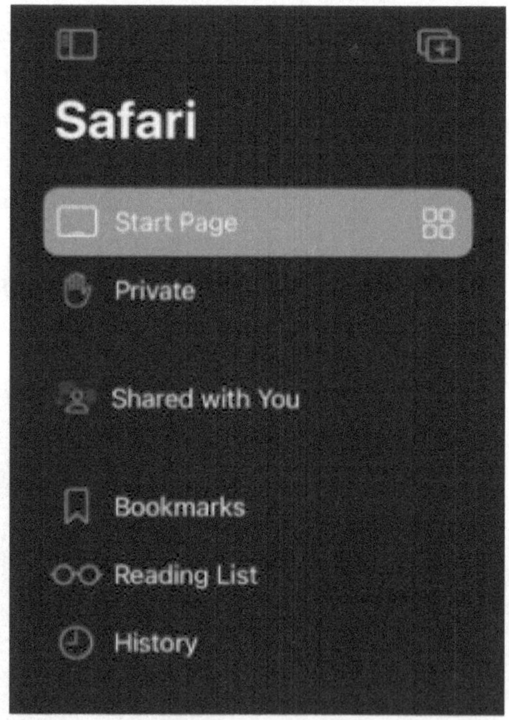

Compartido contigo

Compartido contigo es donde verás las cosas que se han compartido recientemente. Por ejemplo: mi mujer y yo compartimos muchos enlaces de texto. Cuando ella envíe uno, aparecerá automáticamente aquí. De esta forma, no tengo que buscar entre docenas de mensajes para encontrar la página que ha mencionado, ya está guardada.

Si quieres eliminar el enlace, mantén pulsado el dedo sobre la vista previa de la página. Aparecerán varias opciones, una de las cuales es eliminar. También puedes utilizar las opciones para responder al mensaje, abrirlo en segundo plano o copiar el enlace.

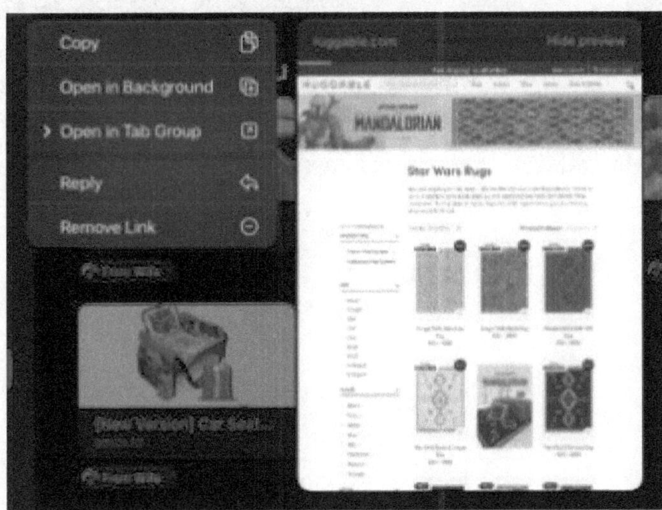

Favoritos de Safari

Debajo de Compartidos Contigo están los Marcadores; los Marcadores son páginas que guardas porque acudes a ellas con regularidad. Cuando empiezas a tener muchos Marcadores, es una buena idea ponerlos en carpetas organizadas.

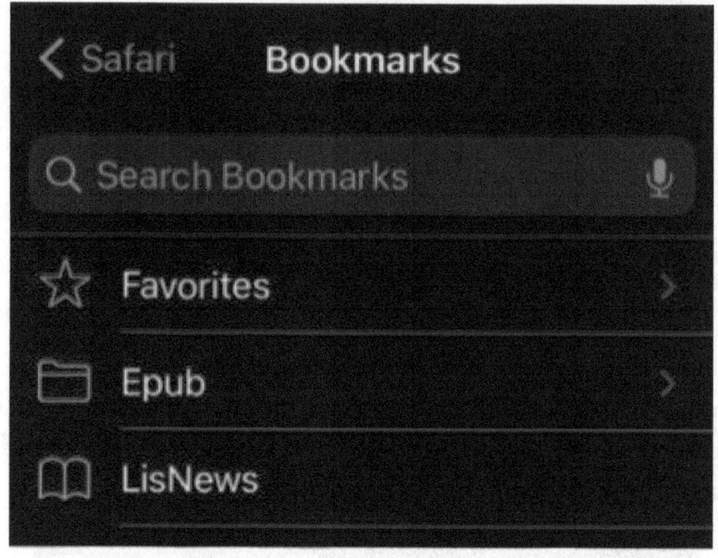

Para crear una carpeta, vaya al final de la página a Editar y seleccione Nueva carpeta. Cuando hayas seleccionado Editar, también puedes eliminar Marcadores y moverlos a carpetas.

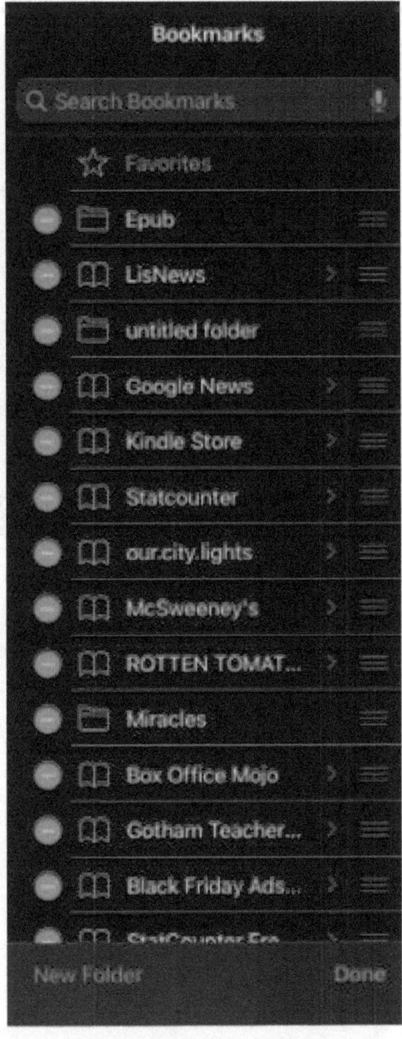

Puedes poner carpetas dentro de carpetas cuando las crees.

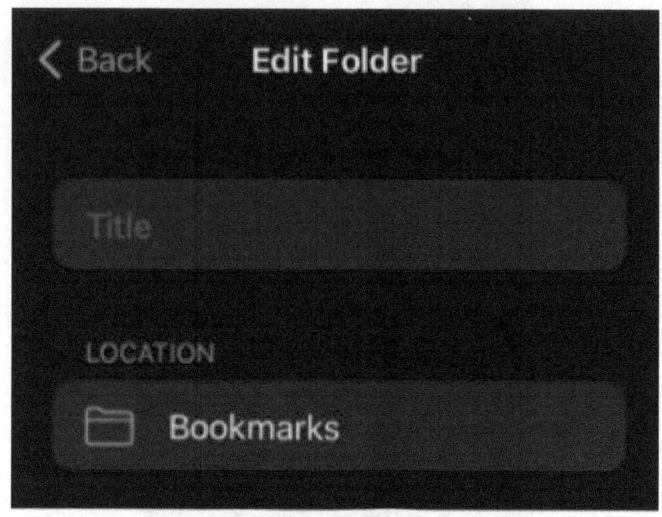

Historia de la Web

Si no utilizas el modo Privado, se guardará todo tu historial; esto es útil si alguna vez olvidas un sitio web al que has ido, pero sabes qué día lo visitaste. Si alguna vez quieres borrar tu historial, sólo tienes que pulsar la opción Borrar en la parte inferior de la página cuando estés viendo tu historial.

12:32 PM   Thu Jun 10
Safari   History   Clear
This Afternoon
12:32 PM   Thu Jun 10
Safari   History   Clear

Grupo de pestañas

Las pestañas pueden ser tu mejor amigo. Grupo de pestañas es la evolución de este amigo. Los grupos de pestañas son una especie de combinación de marcadores y pestañas. Básicamente, guardas todas tus pestañas en un grupo. Así, por ejemplo, puedes tener un grupo llamado "Compras" y cuando haces clic en él, como por arte de magia, todos tus sitios web favoritos de compras se abren en pestañas.

Para empezar, abre todas las pestañas que quieras que estén en tu grupo, luego ve al menú de la izquierda, y haz clic en el botón + del menú lateral y selecciona Nuevo grupo de pestañas vacías.

Escriba el nombre de su grupo. Recuerda ser descriptivo, para que sepas para qué sirve tu Grupo de pestañas.

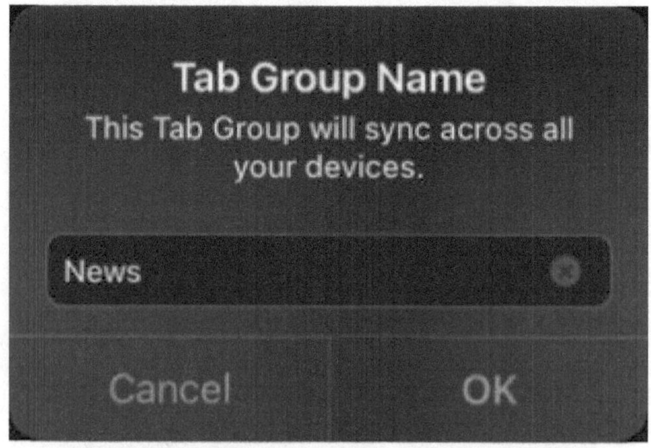

Todas las pestañas se guardan ahora en su grupo; en el ejemplo siguiente, hay dos grupos de pestañas; cuando alterne entre ellos, se abrirán nuevas pestañas.

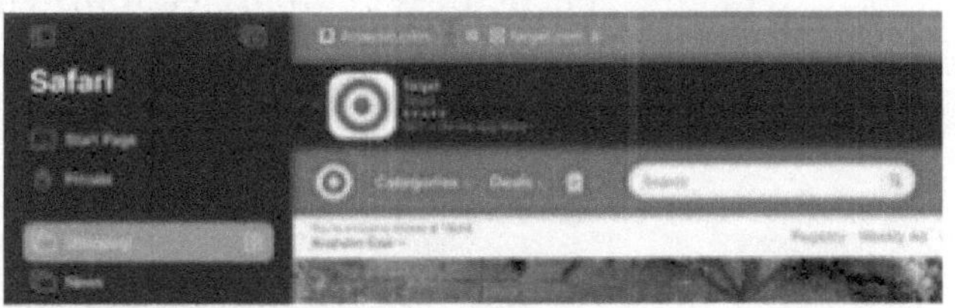

Puedes hacer cambios en tu grupo pulsando sobre él y manteniéndolo pulsado.

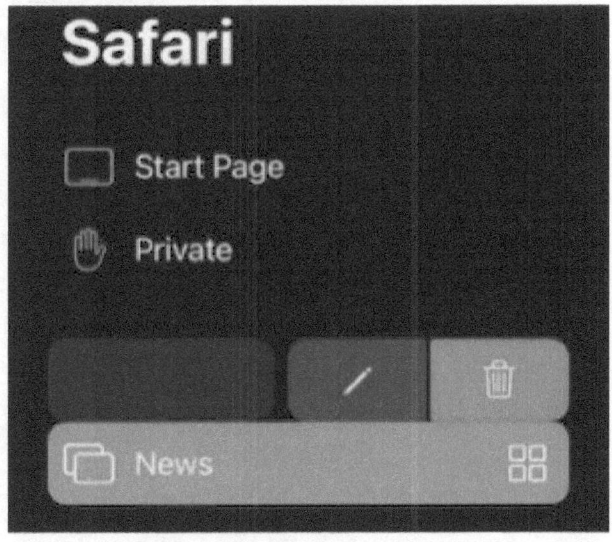

Si quieres que una nueva pestaña aparezca allí, sólo tienes que abrir la pestaña mientras estás en ese grupo y se guardará automáticamente en el grupo.

Correo

Mail es el equivalente de Outlook para Mac; al igual que Safarifunciona de forma muy similar al iPad y al iPhone. Apple le proporcionará una dirección de correo electrónico gratuita que termina

@icloud.com, pero también puede añadir correo electrónico normal en la aplicación (como Hotmail, Yahoo y Gmail).

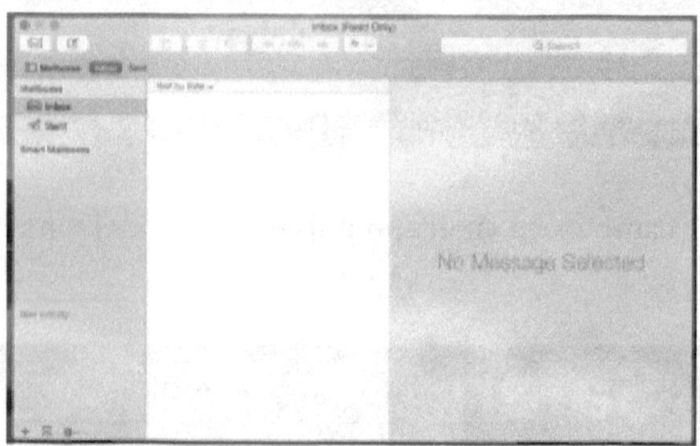

Añadir cuentas

Para empezar, tienes que añadir tu cuenta de correo electrónico. Localiza la app Mail pulsando en Launchpady, a continuación, haciendo clic en el icono de la aplicación Correo.

Una vez abierta la aplicación, vaya a la barra de menú superior y haga clic en Correo > Añadir cuenta. Se abrirá el cuadro de diálogo Añadir cuenta.

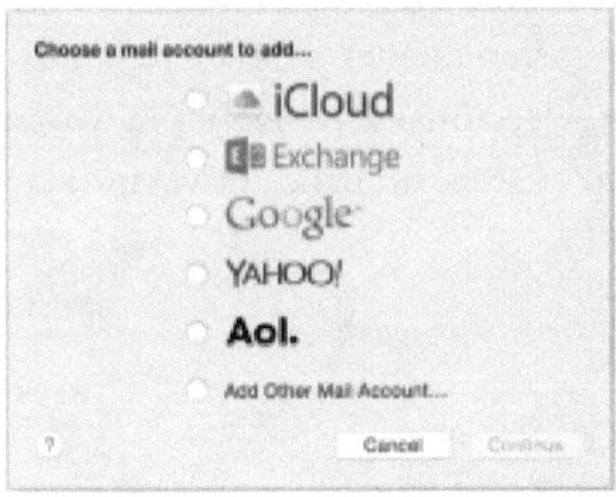

Selecciona el proveedor que vas a añadir (Nota: puedes volver atrás y añadir tantas cuentas como quieras) y haz clic en Continuar. A continuación, se le preguntará por su nombre, dirección de correo electrónico y contraseña. y contraseña.

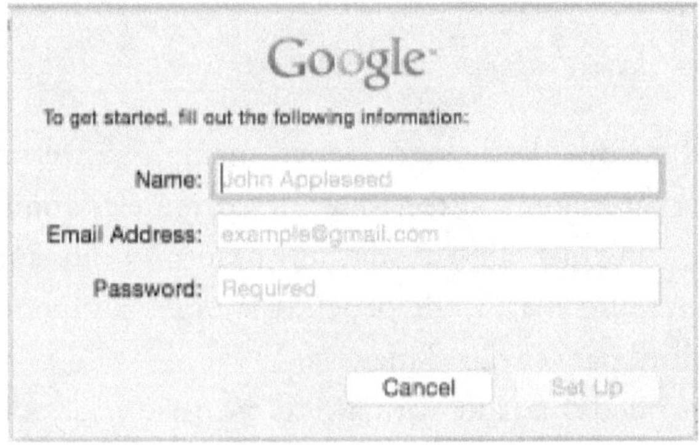

Si utiliza un proveedor de correo electrónico conocido, la configuración es bastante sencilla. Si utiliza un correo electrónico de empresa, probablemente tendrá que trabajar con el administrador del sistema para añadirlo correctamente.

Una vez configurado, deberías empezar a ver el correo en tu ordenador.

Enviar un correo electrónico

Ahora que tienes una cuenta añadida, puedes empezar a enviar correo; para enviar correo puedes pulsar Comando-N en tu teclado, ir al menú superior y seleccionar Archivo y Nuevo mensaje, o hacer clic en el icono Redactar (parece un lápiz atravesando un cuadrado).

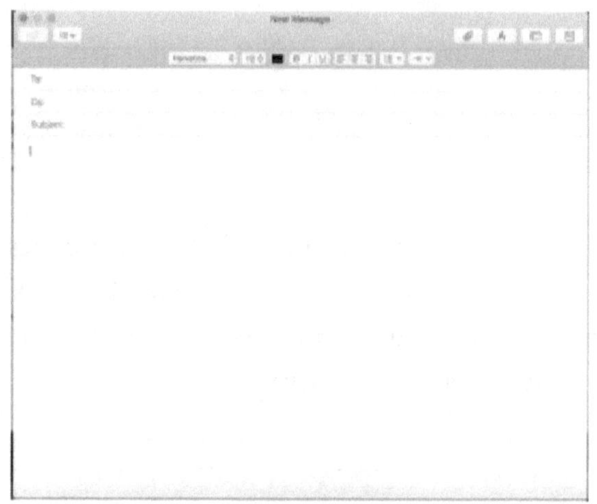

Aparecerá el cuadro de diálogo Nuevo mensaje. En el campo Para, introduzca la dirección o direcciones de correo electrónico a las que desea enviar un mensaje, añada un asunto y un mensaje y, a continuación, pulse el avión de papel de la esquina superior izquierda cuando esté listo para enviar el mensaje.

También puedes añadir formato al mensaje haciendo clic en el botón "A". El formato es muy básico: se puede poner en negrita, añadir cursiva, subrayar y cambiar el color.

Enfoque

Los ordenadores pueden distraernos de cosas que tenemos que hacer. Para ayudarte, existe el modo Enfoque. Para acceder a él, haz clic en el panel de control de la esquina superior derecha de la pantalla y, a continuación, en Enfoque.

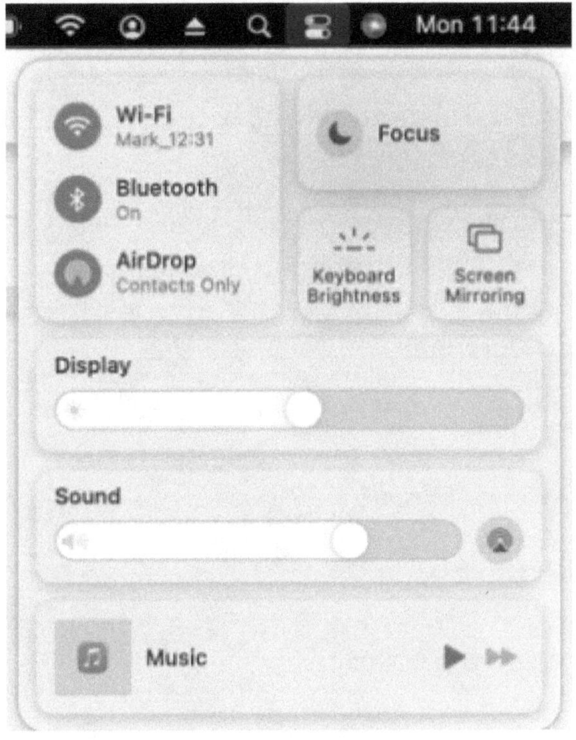

Hay varios modos de Enfoque, cada uno con diferentes ajustes. Algunos te enviarán notificaciones, pero no llamadas, por ejemplo.

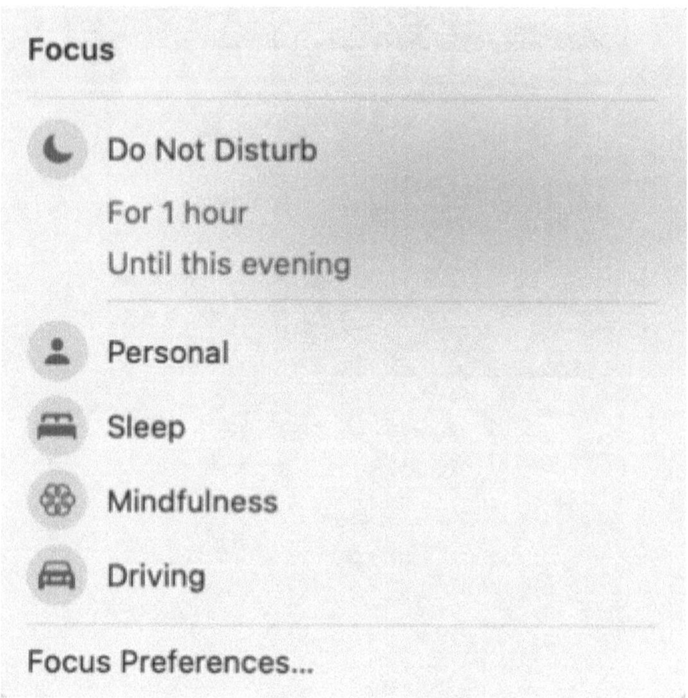

Cuando haga clic en su Foco, podrá seleccionar durante cuánto tiempo desea que esté activado.

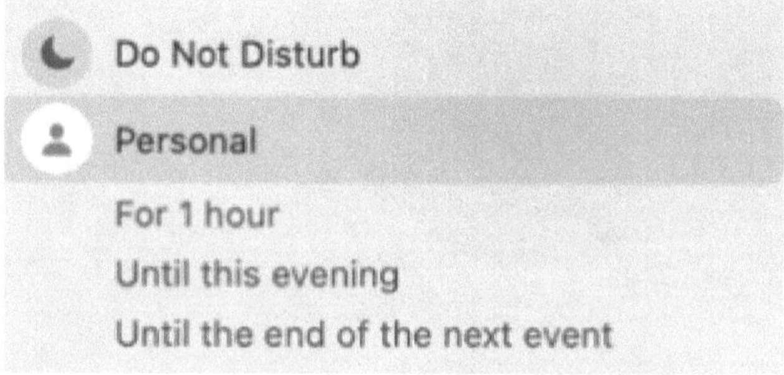

Si haces clic en la última opción, Preferencias de Enfoque, podrás ver información sobre lo que incluye cada Enfoque: si, por ejemplo, permite mensajes de determinados usuarios. Puede hacer los ajustes oportunos; por ejemplo, haciendo clic en el icono + podrá añadir personas y horas.

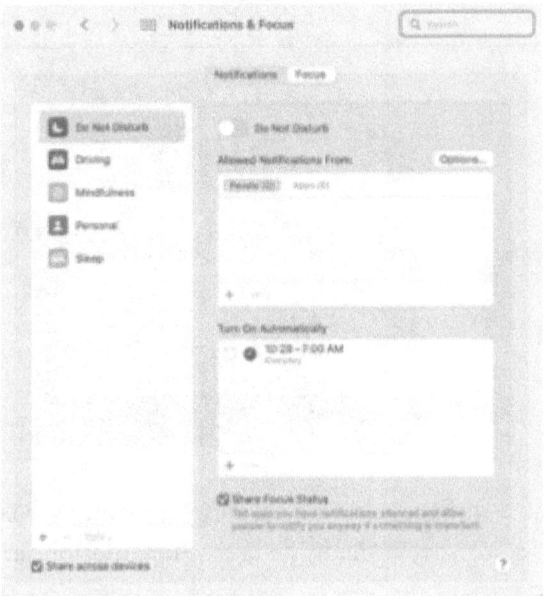

Puede añadir un nuevo Foco haciendo clic en el icono + situado en la esquina inferior izquierda del cuadro de Preferencias de Foco.

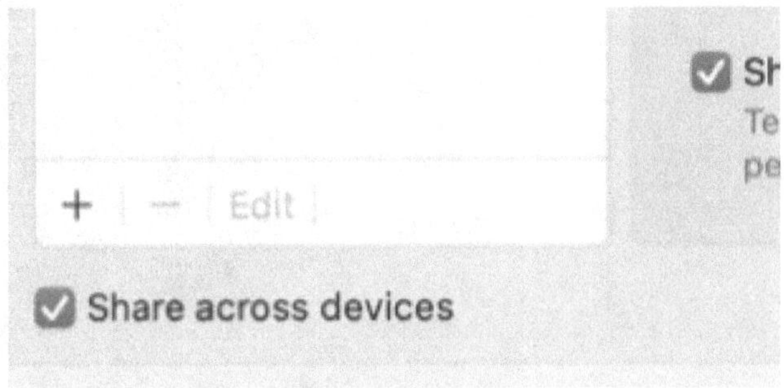

Haga clic en la opción personalizada cuando se le solicite.

Dé un nombre a su Foco, elija los colores y un icono y, a continuación, haga clic en el botón azul Añadir de la esquina inferior derecha.

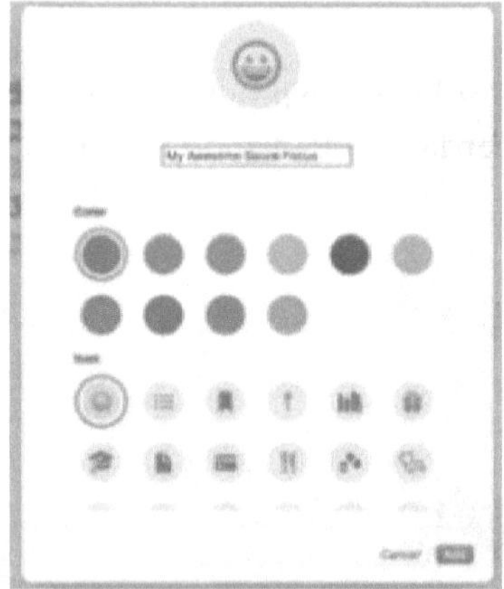

Ahora se añadirá y podrás entrar y editarlo. También estará disponible en cualquier otro dispositivo en el que hayas iniciado sesión con iCloud.

Control universal

A algunas personas les gusta invertir de verdad en el ecosistema Apple, ¿y quién puede culparlas? Fabrican grandes productos. Así que puede que tengan un iMac, un MacBook y un iPad. Apple entiende a estos usuarios y ha creado una función llamada Control Universal. Control Universal te permite compartir cosas (desde archivos e imágenes hasta teclados y trackpads) fácilmente. ¿Qué significa esto? Imagina que tienes un MacBook y un iPad mini. Cuando está activado, puedes abrir Pages en tu iPad y arrastrar una imagen desde tu MacBook a tu iPad mini. También puedes compartir el trackpad y el teclado de tu MacBook con tu iPad.

Usarlo es bastante sencillo. Coloca tu iPad junto a tu MacBook y asegúrate de que están en la misma red inalámbrica y tienen Bluetooth activado; o conecta el iPad al MacBook con un USB-C y, a continuación, arrastra el ratón hasta el borde de la pantalla para moverlo a la pantalla de tu iPad. Todo es bastante intuitivo. También es necesario que ambos dispositivos ejecuten la última versión de macOS (OS Monterey) y iPadOS (OS15). Si estás leyendo este libro en la fecha de publicación, es una mala noticia para ti porque MacOS Ventura aún no ha salido en el momento de escribir este artículo. También es posible que no se lance con la primera actualización del SO. Se espera para otoño.

Si quieres prepararte para ello, sólo tienes que configurar un par de cosas. En primer lugar, en tu MacBook o iMac, ve al menú Apple en la esquina superior izquierda, luego selecciona Preferencias del Sistema y, por último, ve a General. En el menú General, marca la opción Permitir transferencia entre este Mac y tus dispositivos iCloud. A continuación, en tu iPad, ve a la app Ajustes, luego a General; después, activa AirPlay & Handoff si está desactivado.

Atajos

Shortcuts ha sido una aplicación móvil muy popular; ahora está disponible en Mac. Te permite crear tareas automatizadas para ayudarte a hacer más trabajo. Puedes encontrar la app Atajos en el Launchpad.

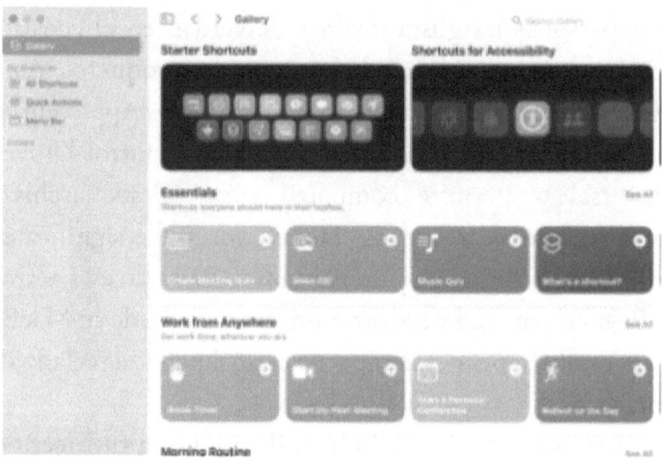

Texto en directo (Fotos)

Las fotos se vuelven más inteligentes en Ventura. Ahora puedes hacer algo más que mirar tu preciosa cara. ¡Puedes extraer información de la foto! ¿Qué quiero decir con eso? Echemos un vistazo a la foto de uno de mis perros cuando era cachorro. Adorable, ¿verdad? Pero, ¿qué clase de perro es?

¡Con Live Photos puedes averiguarlo! Ve a la barra superior y haz clic en el icono "i" con las estrellas.

Si hay algo en esa foto que Live photo capta, verás un pequeño icono flotando sobre la foto. En este caso hay una pequeña huella de pata. Eso debería indicarte que cree que se trata de algún tipo de animal.

Cuando hago clic en el icono, aparece una ventana emergente que me dice que no es solo un perro, sino un Jack Russell Terrier, con información sobre la raza.

Este tipo de búsqueda no sólo funciona con perros. También funciona con puntos de referencia y otras cosas.

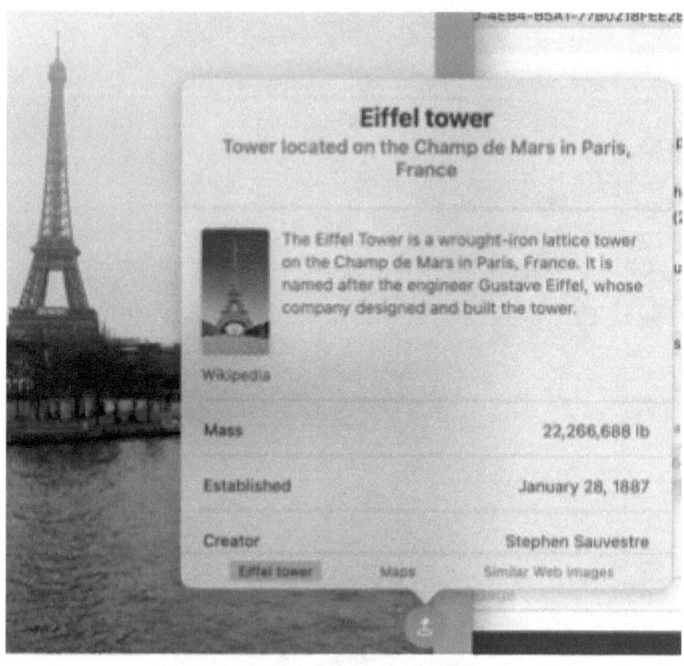

En la foto inferior de un audiolibro, aparecerá el nombre del libro, el autor (¡mira! ¡Es mi seudónimo!), una descripción y dónde comprarlo.

Es bastante inteligente, ¿verdad? Pero aún es más inteligente. También reconoce texto. Puedes resaltar palabras en una foto de la misma forma que lo harías en cualquier otro lugar: ¡sólo tienes que arrastrar el ratón por encima! Así que si tienes la portada de un libro, como en el ejemplo de abajo, no tienes que escribir el nombre para buscarlo. Puedes resaltarlo, copiarlo y pegarlo. Sólo tienes que hacer clic con el botón derecho del ratón y seleccionar Copiar en el menú (o pulsar Comando+C en el teclado).

Mapas

Mapas ha recibido una pequeña actualización Ventura, pero sigue funcionando prácticamente igual.

La mayor diferencia con la actualización de Ventura es que ahora los edificios tienen más forma. Así, en el ejemplo de abajo de un parque de atracciones, puedes ver la forma del castillo y la montaña. Esto solo está disponible en algunas regiones.

Algunas ciudades, aunque no todas, también tienen más en términos de carriles en la carretera; si la ciudad ha sido configurada, podrás ver más detalles sobre los carriles para ayudarte a navegar por la ciudad y saber en qué carriles debes estar. Si no ves este detalle, es porque la ciudad aún no ha sido configurada.

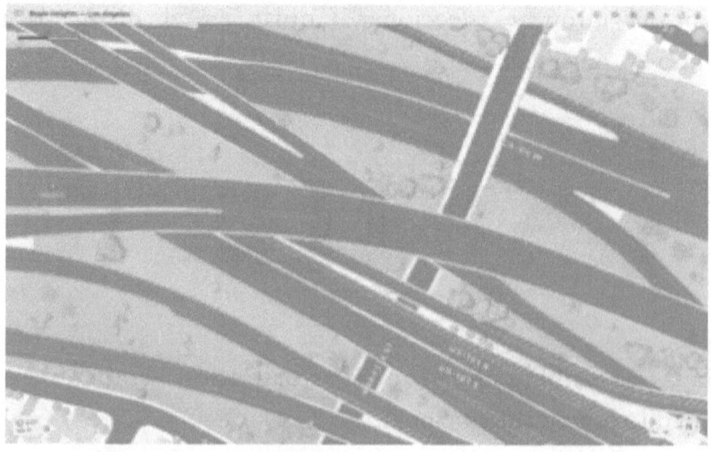

Cámara de continuidad

Una de las cosas que más me gustan del ecosistema de Apple es lo bien que funcionan los dispositivos entre sí, algo que cada vez es más cierto con cada actualización del sistema operativo.

El MacBook tiene una webcam bastante decente. ¿Pero sabes qué tiene una webcam aún mejor? Tu iPhone. Piensa en ese impresionante objetivo de la parte trasera de tu cámara que es capaz de capturarte. De repente, ¡tus conferencias pasaron de HD a 4K! Lo que es aún mejor es que ahora Center Stage está en el iPhone, lo que significa que la cámara permanece enfocada en ti mientras te mueves.

Una función tan genial probablemente requiera una gran cantidad de configuración, ¿verdad? Pues no. ¿Has oído alguna vez la frase de Apple "Simplemente funciona"? Pues bien, esta función... ¡simplemente funciona! (Todo lo que tienes que hacer es asegurarte de que tu ordenador y tu iPhone están en la misma red inalámbrica.

Déjame mostrarte cómo funciona en Zoom. Así es como me veo en mi MacBook sin mi iPhone:

No está mal. Pero ahora voy a la pestaña de vídeo en Zoom y selecciono mi iPhone como cámara. Deberías ver cualquier webcam disponible en la lista. Una será el nombre de tu iPhone seguido de "Cámara"; esa es la que quieres.

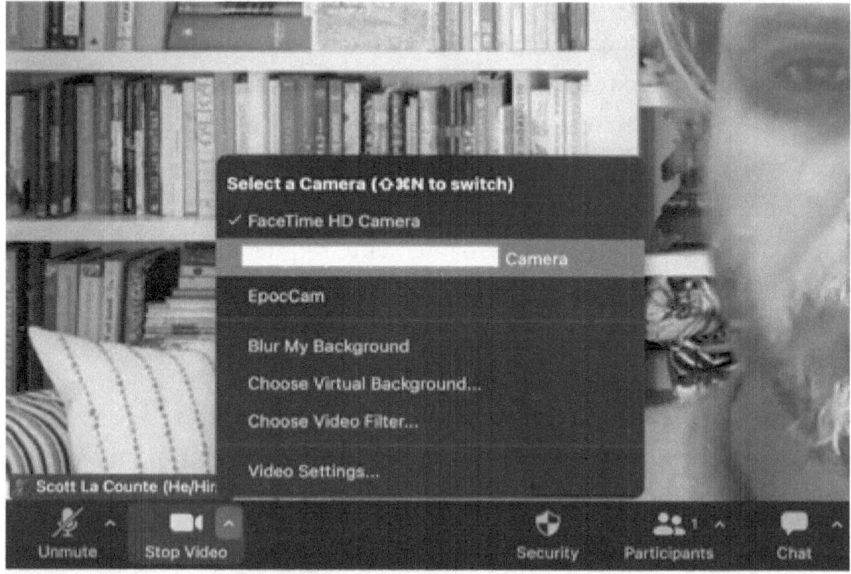

Oirás un pequeño ruido de campana y, al cabo de uno o dos segundos, aparecerá la cámara de tu iPhone.

La diferencia es una locura; mi oficina no tiene una gran iluminación, pero cuando cambio a mi iPhone para las reuniones, la imagen no sólo se ve más nítida, sino que la iluminación parece impecable.

El ejemplo anterior es Zoom, pero la función funciona en la mayoría de las aplicaciones de videoconferencia (FaceTime, Microsoft Teams, etc.).

Hay todo tipo de formas de montar una cámara para que esto suceda, pero la forma que Apple ha promocionado es con el soporte de Belkin, que cuesta 29,99 dólares y se llama "iPhone Mount with MagSafe for Mac Notebooks".

Es muy pequeño y se engancha fácilmente a la parte posterior del teléfono, y luego se desliza en el MacBook.

[6]

Aplicaciones

Este capítulo tratará:

- Llamadas telefónicas
- Contactos
- Mensaje
- FaceTime
- Fotomatón
- Calendario
- Recordatorios
- Notas
- iTunes
- App Store
- Siri

Ahora que ya sabes cómo funciona Mac (y cómo encontrar memes de gatos), voy a hablar de los programas preinstalados.

Llamadas telefónicas

Los productos de Apple funcionan mejor con otros productos de Apple; eso es aún más cierto con Catalina, con el que puedes sincronizar tu cuenta de iPhone para hacer llamadas telefónicas (tanto de vídeo como normales) y enviar mensajes directamente desde tu Mac. Además, puedes utilizar la conexión de datos de tu iPhone para conectarte a Internet en tu portátil mientras viajas, lo que resulta especialmente útil si no quieres pagar por los puntos Wi-Fi que cobran por el acceso (sólo tienes que llevar una tarjeta de crédito). que cobran por el acceso (sólo ten en cuenta que tu conexión de datos tiene límites mensuales y que usar un ordenador puede agotar esos límites muy rápidamente; en otras palabras, esto probablemente no es algo que quieras hacer para transmitir películas de Netflix).

Contactos

A menos que seas una persona de negocios, tener contactos en el ordenador puede no parecer necesario; aquí está la ventaja: se sincroniza con el teléfono. Así que tener un contacto en tu ordenador se trasladará a tus otros dispositivos móviles. Para utilizarlo, ve a tu Launchpady haz clic en el icono.

Si has iniciado sesión en iClouddeberías ver ya docenas de contactos. Para crear un nuevo contacto, haz clic en el botón (+) de la parte inferior de la ventana principal. En la siguiente pantalla, añade toda la información que desees; puede ser tanta o tan poca como desees. Algunos contactos sólo necesitan una dirección web, otros una dirección postal... depende de ti cuánta información añadas. También puedes editar un contacto buscando su nombre y haciendo clic en el botón Editar. Si quieres eliminar a alguien, busca su nombre y pulsa Suprimir en el teclado (también puedes eliminar pulsando sobre su nombre con dos dedos).

Mensaje

Cuando utilices Mensajes desde tu Mac para enviar mensajes ten en cuenta que es una especie de mensajería instantánea para usuarios de Mac, lo que significa que está diseñada para funcionar con productos Mac... nada más.

Configuración del mensaje

1. Para configurar Mensajes, haga clic en el icono Mensajes para iniciarlo.
2. Si ya has iniciado sesión en iCloud en el Mac, iniciarás sesión automáticamente en Message.
3. Si desea cambiar esta cuenta o aún no ha iniciado sesión, seleccione Mensajes > Preferencias en la barra de menú

superior.

4. Cuando aparezca el cuadro de diálogo Cuentas, haga clic en la pestaña Cuentas.

5. En la ventana de la izquierda, verá Mensaje. Selecciónelo.

6. La siguiente pantalla te pedirá que introduzcas la dirección de correo electrónico y la contraseña asociadas a iCloud. Hazlo y pulsa el botón azul Iniciar sesión para completar el proceso de configuración.

Configuración de otros clientes de MI

Aunque Message está hecho para productos Mac, puedes utilizarlo para otros servicios de mensajería como Google, Yahoo y AOL.

Para añadir otros clientes de mensajería instantánea a Mensajes:

1. Abra Mensajes si aún no se está ejecutando.

2. En la barra de menús superior, haga clic en Mensajes > Añadir cuenta.

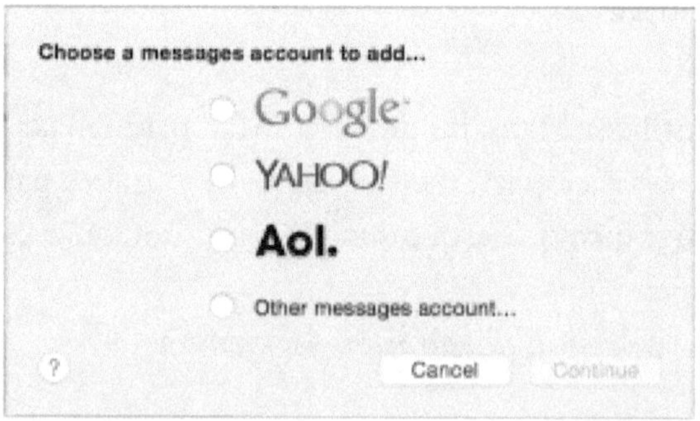

1. Selecciona el tipo de cuenta que deseas añadir, como Gmail o Yahoo, y selecciona Continuar.

2. Se le pedirá que introduzca la dirección de correo electrónico y la contraseña correspondientes, y pulse el botón Configurar

para terminar.

Ahora que ya está configurado, ¿cómo se envía un mensaje?
Iniciar una nueva conversación

1. Antes de empezar, eche un vistazo a toda la pantalla Mensajes mensajes. Debería estar totalmente vacía, sin conversaciones. En la barra lateral izquierda dirá Sin Conversaciones. Aquí es donde podrás cambiar entre diferentes conversaciones con personas haciendo clic en cada una de ellas. En el lado derecho, también verás No Conversación Seleccionada. Aquí es donde podrás escribir nuevos mensajes y leer todo lo que haya en la conversación seleccionada en ese momento. Si tienes un iPhone (o cualquier otro teléfono), será como la pantalla en la que lees tus mensajes de texto.

2. Para crear una nueva conversación con alguien, haz clic en el botón Redactar nuevo mensaje situado en la parte superior de la barra lateral izquierda, junto a la barra de búsqueda. Debería tener el aspecto de un pequeño lápiz dentro de un cuadrado.

Cuando recibas un mensaje, si tienes activado el sonido, oirás un pequeño pitido.

Tapbacks

Si has utilizado Stickers en el iPad y el iPhone, puede que te decepcione ver que esa función aún no ha llegado a macOS. Hay una función de iOS: Tapbacks. Los Tapbacks te permiten responder a un mensaje para indicar que te gusta lo que dice o que estás de acuerdo con él. Para utilizarla, haz clic con el botón derecho (con dos dedos) en cualquier mensaje y selecciona tu respuesta.

Fijar mensajes

Si envías muchos mensajes de texto, responder puede resultar un poco engorroso. El funcionamiento de Mensajes es que las conversaciones más recientes aparecen en la parte superior. Esto funciona bien en la mayoría de los casos, pero también puedes anclar los favoritos a la parte superior.

En el siguiente ejemplo, mi mujer aparece en la parte superior de las conversaciones. Aunque otras personas me hayan escrito más recientemente, ella siempre estará arriba (a menos que la elimine). Así es más fácil responder.

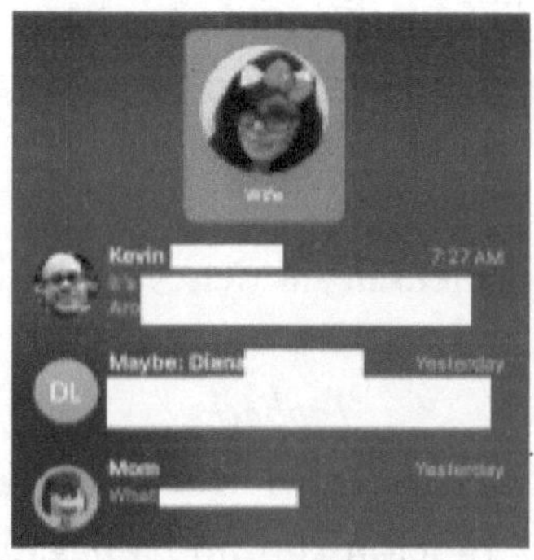

Para añadir o eliminar a alguien de la parte superior, arrastra / desliza el ratón sobre el mensaje y, a continuación, toca el pin.

Si quieres eliminarlos, haz clic con el botón derecho en el mensaje y selecciona desanclar.

Puedes tener a varias personas ancladas en la parte superior. Personalmente, creo que tres está bien, pero puedes añadir incluso más.

Etiquetado de mensajes

Si has utilizado programas de mensajería como Slack, probablemente estés familiarizado con la función de etiquetar a alguien en una conversación. Etiquetar llama la atención de la persona e inicia un nuevo hilo dentro de la conversación.

Así que si estás en un gran intercambio de mensajes de texto, cuando etiquetas a alguien, todo el mundo puede leerlo, pero no se notifica a todo el mundo. Así es un poco menos molesto.

Para etiquetar a alguien en una conversación, basta con poner una @ delante de su nombre cuando respondas.

Responder a los mensajes

Obviamente, puedes responder a un mensaje escribiendo el mensaje en la casilla y pulsando Retorno en el teclado. Pero eso sólo responde al último mensaje. ¿Y si el mensaje está en varios hilos? ¿Y si se trata de un grupo y quieres responder al mensaje de una persona concreta?

Para responder a un mensaje que está más arriba, haz clic con el botón derecho del ratón sobre ese mensaje y, a continuación, selecciona Responder.

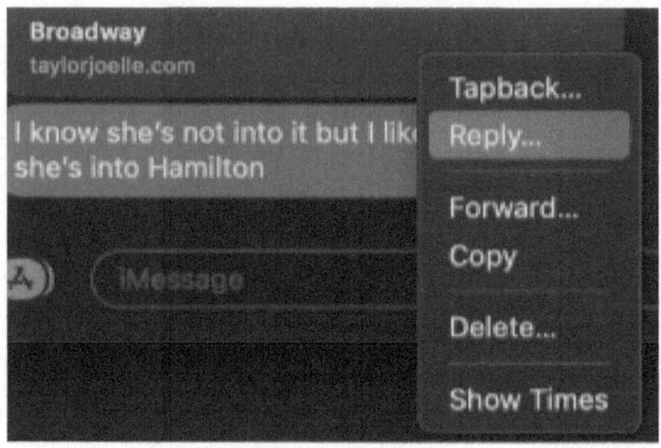

Al hacerlo, el mensaje aparecerá con una respuesta debajo.

También aparecerá como el último mensaje enviado, pero con una flecha que notifica al usuario que has respondido a algo en particular.

Envío de fotos

Cuando envíes grupos de fotos, Mensajes dispondrá las fotos de menos de tres en vertical. Tócalas para agrandarlas.

Si envías más de tres fotos, se apilarán unas encima de otras y tendrás que deslizar el dedo por ellas.

Editar y anular el envío de mensajes

¿Has cometido una errata en un mensaje? O tal vez te arrepientes de haberlo enviado. Puedes anular el envío de un mensaje y editarlo... más o menos. Hay algunas advertencias importantes. En primer lugar, tiene que ser un mensaje que hayas enviado recientemente, no uno de hace varias horas. Dos, la persona al otro lado del mensaje debe tener el sistema operativo actual. Tercero, la otra persona también recibe una notificación de que el mensaje no ha sido enviado o ha sido editado. Así que no creas que puedes decirle a la persona que nunca dijiste eso.

Para utilizarla, haz clic con el botón derecho del ratón sobre el mensaje y selecciona la opción que desees. Si no ves la opción, es que ha pasado demasiado tiempo.

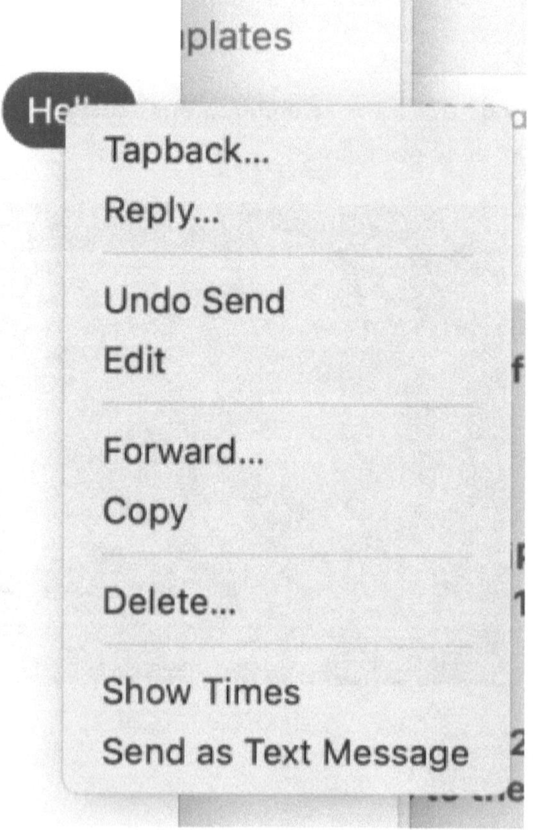

FaceTime

FaceTime te permite conectar con amigos y familiares utilizando la cámara integrada de tu ordenador. He oído a gente decir que les preocupa tanto que alguien les esté viendo a través de su webcam que la cubren con cinta adhesiva. Cuando FaceTime está en uso (es decir, cuando la cámara está encendida y la gente puede verte) se enciende una luz verde brillante, así que no tienes que preocuparte de que te espíen... si no ves la luz, es que la cámara está apagada.

La aplicación puede iniciarse pulsando en Launchpad > FaceTime.

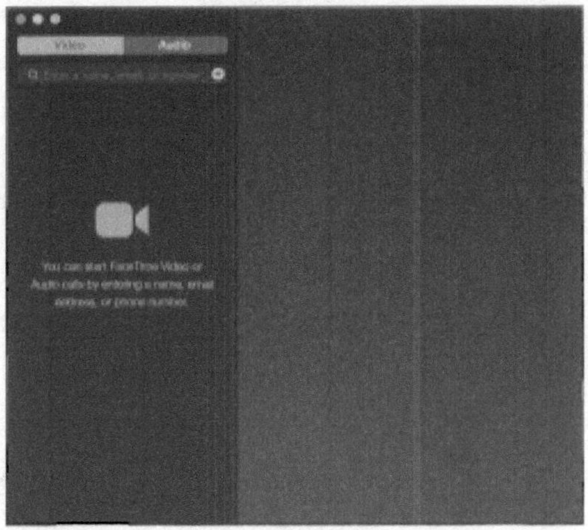

En la parte izquierda puedes introducir el nombre de una persona si está en tus Contactoso un número de teléfono. Para que FaceTime funcione, la otra persona también debe tener un dispositivo Apple y aceptar tu llamada.

También puedes utilizar FaceTime audio. Esto te permite llamar a alguien sin la cámara, es básicamente una llamada telefónica por Wi-Fi. Wi-Fi.

Utilizar FaceTime para mantener unida a la familia

¿Cómo mantener unidas a las personas cuando están separadas? Esto es algo en lo que Apple ha pensado profundamente. FaceTime en el Mac tiene mejor pinta que nunca. Más adelante, en otoño de 2021, podréis ver películas juntos, escuchar música juntos e incluso solucionar problemas del dispositivo compartiendo la pantalla del mismo. Se llama SharePlay. Desgraciadamente, algunas de estas funciones llegarán más tarde, en otoño, por lo que esta guía de instrucciones no puede incluirlas en el momento de escribir estas líneas.

Para empezar, abre la aplicación FaceTime desde tu Launchpad.

Tiene dos opciones: Crear enlace o Nueva llamada FaceTime. Crear un enlace permitirá que alguien que no tenga un Mac o un dispositivo Apple se una a la llamada.

El botón Crear enlace te dará un enlace compartible que puedes dar a la gente. Así podrán abrirlo dentro de Chrome en un ordenador Windows. Sólo tienes que pulsar el botón Copiar y pegarlo donde quieras que la gente lo vea. También puedes pulsar Añadir nombre para darle un nombre.

Si prefieres llamar a alguien directamente, toca el botón verde Nuevo FaceTime y escribe su nombre.

El cuadro de vista previa se encuentra en la esquina inferior, pero se puede mover a cualquier parte de la pantalla manteniendo pulsado y arrastrando.

Si aumentas el tamaño de este cuadro de vista previa, tienes una opción disponible. En la parte inferior central hay un pequeño icono de imagen; tócalo y difuminará o desenfocará el fondo.

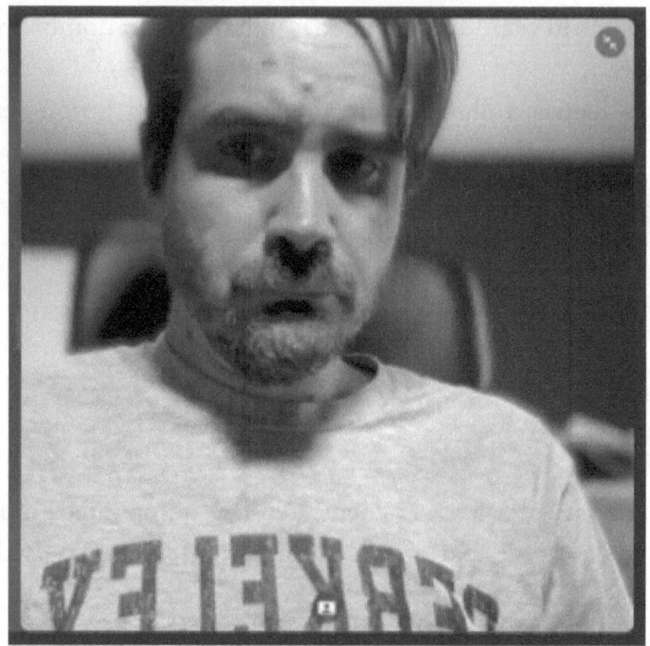

Si usas FaceTime en tu iPhone o iPad, verás que faltan algunas opciones, como añadir efectos. Mac no es compatible con estas opciones en el momento de escribir este artículo.

En la esquina inferior izquierda hay otras opciones: la primera es el icono de ocultar/mostrar del panel izquierdo, que revela una barra lateral izquierda desde la que puedes admitir a otras personas en la videollamada. Al lado está el micrófono (pulsa para silenciarte), vídeo (pulsa para apagar el vídeo) y X para salir de la llamada.

Si alguien se une a tu convocatoria, haz clic en el icono del panel izquierdo y, a continuación, en el icono de la marca de verificación verde. Desde aquí también puedes añadir personas y coger el enlace una vez más para compartirlo.

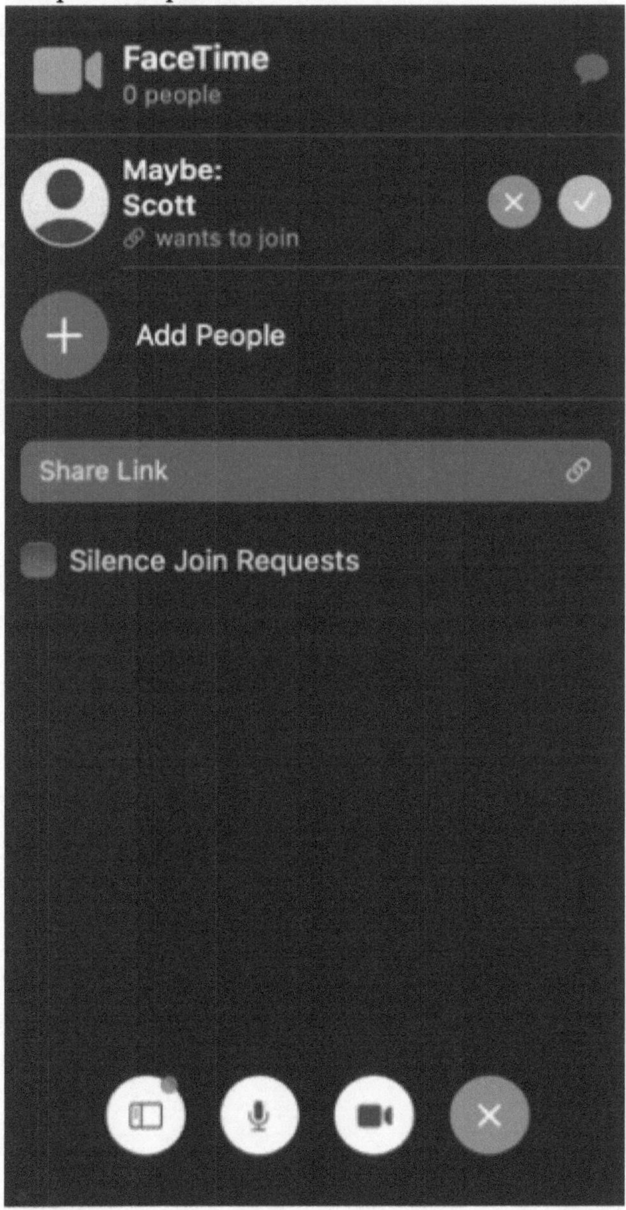

Calendario

Calendario es otra función que puedes sincronizar con tu cuenta de iCloud Siempre que utilices la misma cuenta, todo lo que introduzcas en el calendario de tu ordenador aparecerá también en tu iPhone y iPad. También puedes sincronizar el calendario con otros que utilices en línea, como Google o Yahoo.

Para empezar a utilizarlo, vaya a su Launchpad en el Dock y haga clic en el icono Calendario Calendario.

En la parte superior de la ventana de la aplicación, de izquierda a derecha, se encuentran los botones estándar del semáforo, Calendarios, Nuevo evento (+), varias vistas diferentes, incluyendo Día y Mes, y la barra de Búsqueda.

Sincronización de calendarios

Si ya utilizas un calendario con iCloudGoogle, Yahoo o cualquier otro proveedor, puedes sincronizarlo con la aplicación Mac Calendar de Mac.

1. En la barra de menú superior, haga clic en Calendario > Añadir cuenta.
2. Al igual que hiciste con Mail, se te pedirá que introduzcas tu nombre, dirección de correo electrónico y contraseña.

Una vez finalizado el proceso de configuración, los eventos de ese calendario deberían aparecer automáticamente en la ventana Calendario automáticamente. Si tienes varias cuentas con calendarios distintos, puedes filtrarlos haciendo clic en el botón Calendarios de la barra de herramientas y marcando o desmarcando las casillas situadas junto a los calendarios correspondientes.

Cambio de puntos de vista

Puede cambiar la vista del calendario entre Día, Semana, Mes o Año haciendo clic en el botón correspondiente de la barra de herramientas.

Día mostrará todos los eventos de ese día, desglosados por horas.

Semana te mostrará toda la semana de un vistazo, y muestra bloques de eventos para que puedas ver fácilmente cuándo tienes eventos, y si tienes tiempo libre próximamente.

La vista Mes será probablemente tu vista por defecto si sólo necesitas que tu calendario te recuerde los pagos de facturas y las fechas de vencimiento, o no tienes demasiadas citas cada mes pero están dispersas a lo largo del mes.

Recordatorios

Como su nombre indica, la aplicación Recordatorios sirve para recordarte cosas y, como ya habrás adivinado, se puede sincronizar mediante iCloud con la aplicación Recordatorios de tu iPhone o iPad.

La aplicación te permite crear listas de cosas como la compra o cualquier otra cosa que tengas en mente; también puedes utilizarla para programar las fechas de vencimiento, como pagar una factura antes del día 15 de cada mes. Incluso puedes programarla para que te recuerde cada vez que salgas o llegues a casa que enciendas o apagues la alarma.

Puedes crear listas compartidas para que otras personas de tu red también puedan añadir cosas a la lista.

Para empezar, abra la aplicación haciendo clic en el icono Launchpad y seleccionándola en la lista de aplicaciones.

Crear una lista sigue siendo muy sencillo. Pulse Añadir lista en la esquina inferior derecha de la pantalla.

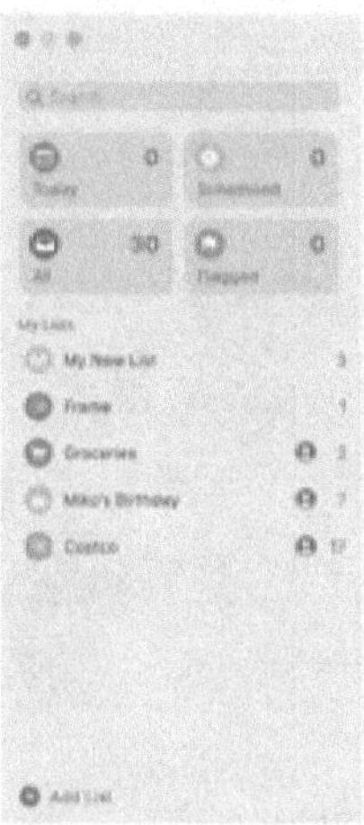

Una vez creada tu primera lista, puedes empezar a añadir elementos pulsando el botón "+" en la esquina superior derecha. Esto te permite añadir el elemento, así como establecer cuándo vence e incluso incluir imágenes y archivos adjuntos.

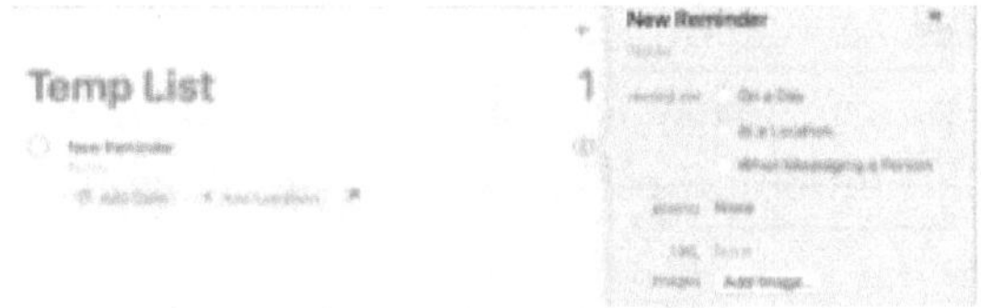

Si pulsas ◈ en cualquier momento, podrás añadir más detalles (como una fecha de vencimiento o incluso el lugar en el que te lo recordará; por ejemplo, podrías hacer que te lo recordara cuando llegues al supermercado).

Pulse Retorno en el teclado para añadir otro elemento.

Para compartir una lista, haz clic con el botón derecho del ratón (con dos dedos) en el nombre y añade una persona con la que quieras compartirla.

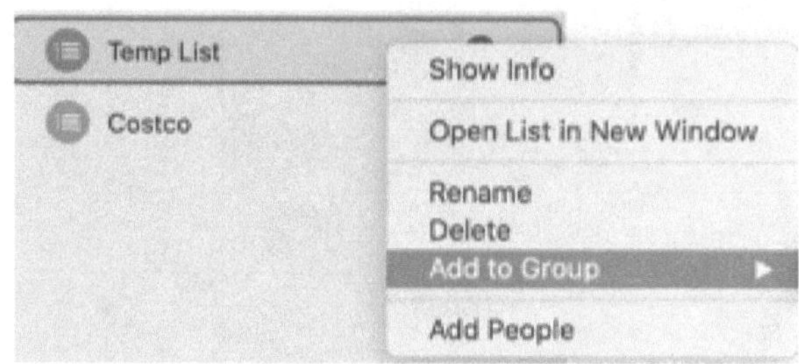

Esta opción también funciona para eliminar una lista.

Correo

Puede que estés acostumbrado a consultar tu correo electrónico en el navegador. El correo electrónico a través de una aplicación tiene algunas ventajas. Una de ellas son las notificaciones instantáneas cuando llega el correo; otra son las funciones que quizá no tengas en el correo basado en navegador.

Si quieres probar una aplicación, hay muchas entre las que puedes elegir: Airmail, Outlook, Spark, Canary Mail (algunas son gratuitas, otras no).

Para este libro, voy a cubrir sólo una aplicación: Apple Mail.

Curso acelerado de correo

Para empezar, ve a tu Launchpad y haz clic en la aplicación Correo.

A continuación, te pedirá que inicies sesión en tu proveedor de correo electrónico. Los pasos varían en función de los servicios que utilices, pero te guiará paso a paso.

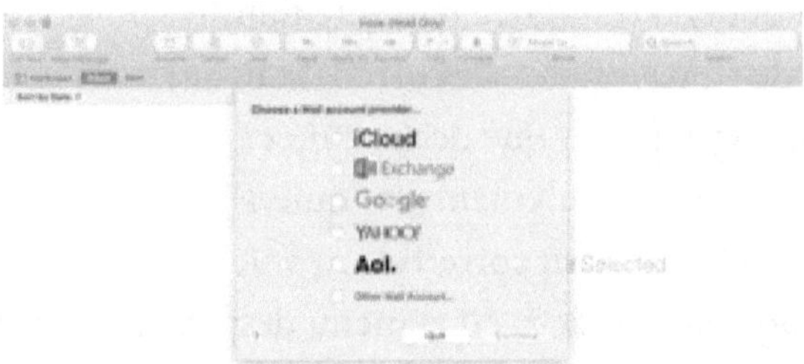

Una vez configurado el correo, empezarás a ver inmediatamente cómo se llena tu bandeja de entrada con todos los mensajes de esa cuenta. ¿No lo ves? Ve a "Obtener nuevo correo" en Buzón en el menú superior.

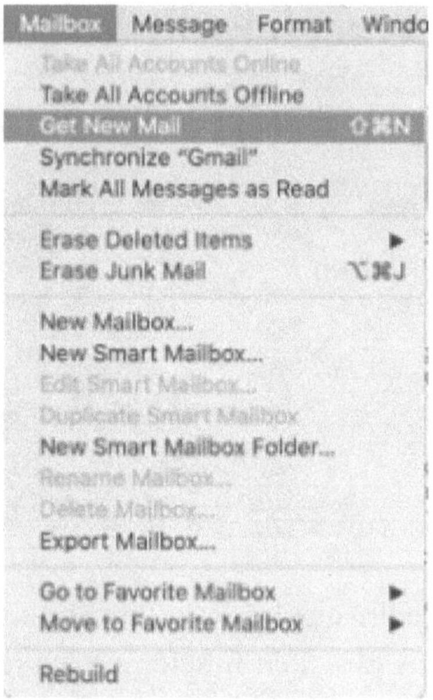

La aplicación debería resultarte bastante familiar porque la mayoría de las funciones de tu navegador de correo están ahí.

Algunas características que debes conocer:

Bloquear - Si hay alguien de quien no quieres saber nada, bloquéalo. Para ello, abre su correo electrónico, haz clic en su nombre y selecciona Bloquear contacto en el menú desplegable. Ojalá bloquear a alguien en la vida real fuera tan fácil.

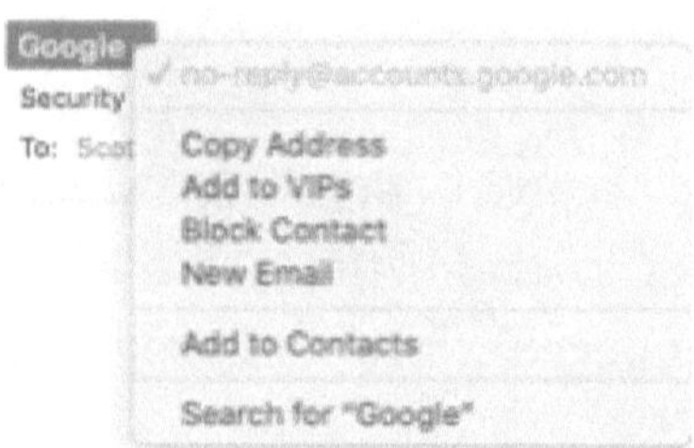

Cuando haces clic con el botón derecho del ratón (clic con dos dedos) en un mensaje de correo, también tienes algunas opciones.

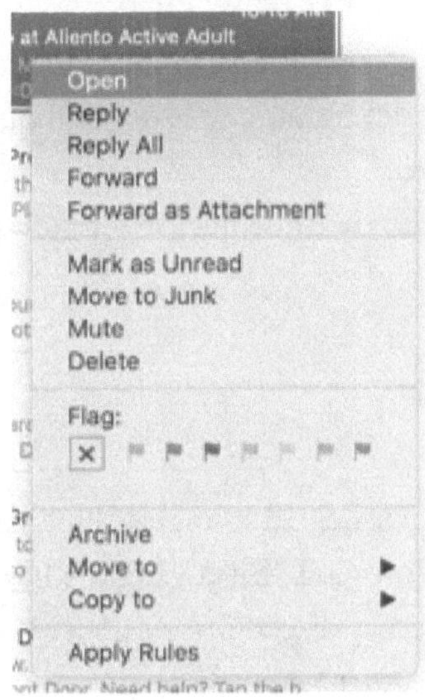

Si alguna vez has utilizado el correo electrónico, sabrás lo que hacen Responder, Responder a todos, etc. Una que puede ser nueva es "Bandera". Bandera te permite coordinar por colores diferentes mensajes para ayudarte a encontrarlos más fácilmente.

También puedes hacer clic con el botón derecho del ratón (clic con dos dedos) en el menú lateral para obtener más opciones.

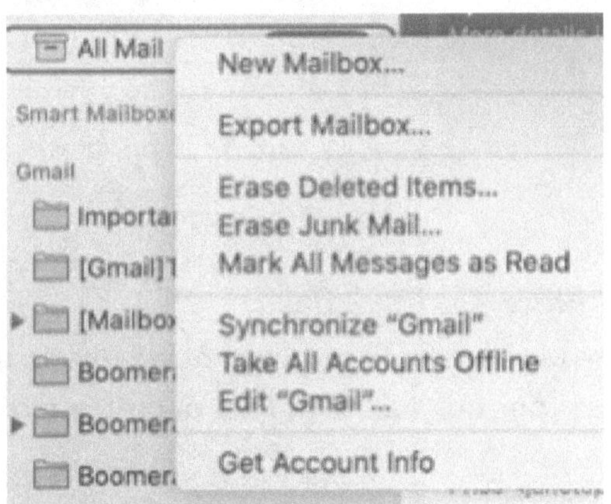

Recordatorio basado en la ubicación

Si quieres crear un recordatorio basado en la ubicación (por ejemplo, "cuando salga del trabajo, recuérdame que llame a mi mujer"), sigue los pasos anteriores.

Haga clic en el icono de información situado junto al recordatorio (la "i" con un círculo).

Aparecerán algunas opciones adicionales. Una dice "recordarme" con una casilla de verificación para "En un lugar"; haz clic en esa casilla. A continuación, introduce la dirección y selecciona si quieres recibir el recordatorio cuando llegues o cuando te vayas.

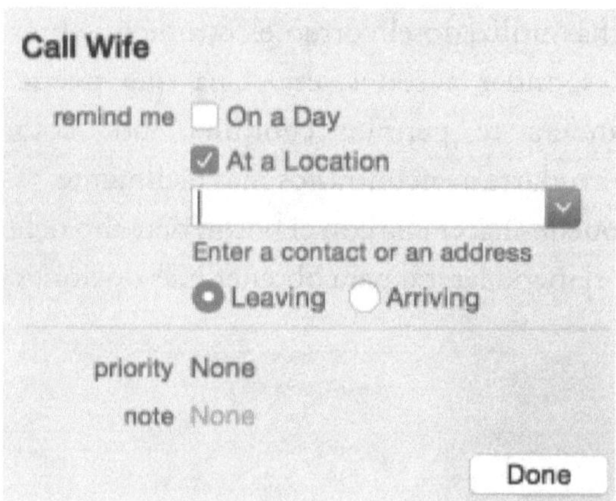

Bienvenido a Note Taking 2.0

Si eres nuevo en Apple, la pregunta obvia que se te puede pasar por la cabeza es: ¿por qué Notas?? ¿Para qué sirve y cuándo hay que utilizarlo?

Notas *no* es probablemente lo que quieres utilizar para escribir el boletín de Navidad de este año o crear un folleto para tu cachorro perdido; Notas realmente sobresale cuando quieres crear una lista compartida, apuntar notas de la escuela, o hacer algo que no necesita mucho formato.

Notas realmente brilla cuando lo sincronizas con tu iPhone; con tu iPhone sincronizado, puedes escribir tus notas y luego usar tu teléfono para insertar un boceto o una imagen.

Una vez que hayas creado tu nota, puedes añadirla a una carpeta y todo se puede buscar, lo que lo convierte en una forma muy organizada de hacer un seguimiento de las cosas.

Las Notas Curso acelerado

Para abrirlo, vaya al icono Launchpad del Dock y haga clic en el icono Notas Notas.

Notascomo la mayoría de las aplicaciones de Catalina, se sincroniza con tu iPhone y iPad siempre que estés conectado a la misma cuenta de iCloud iCloud.

A diferencia de los editores de procesadores de texto a los que puedes estar acostumbrado, no hay una elegante cinta o barra de menús con montones de funciones. Hay una barra lateral con una lista de todas tus notas (en todos los dispositivos si utilizas un iPhone / iPad sincronizado con tu Mac).

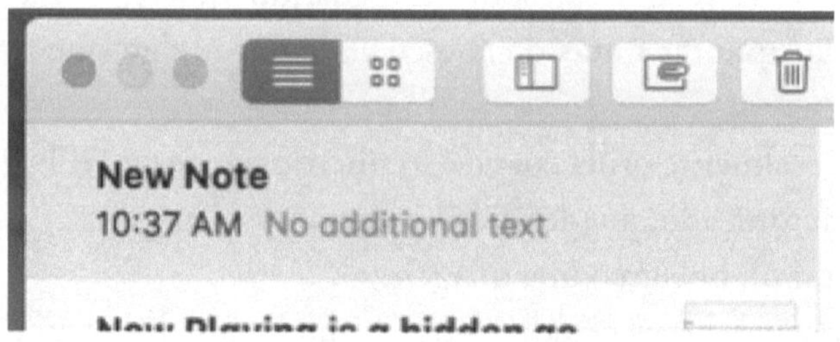

En la parte superior hay una barra de menú muy básica.

Vistas

La primera opción junto a las opciones de cambio de tamaño de la aplicación (los puntos rojo / amarillo / verde) es la alternancia de vista.

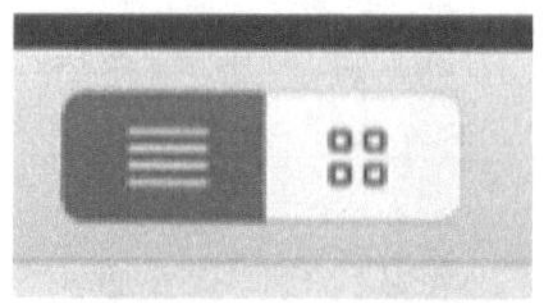

Este conmutador alterna entre una vista de lista de tus notas y una vista de miniaturas (ver más abajo).

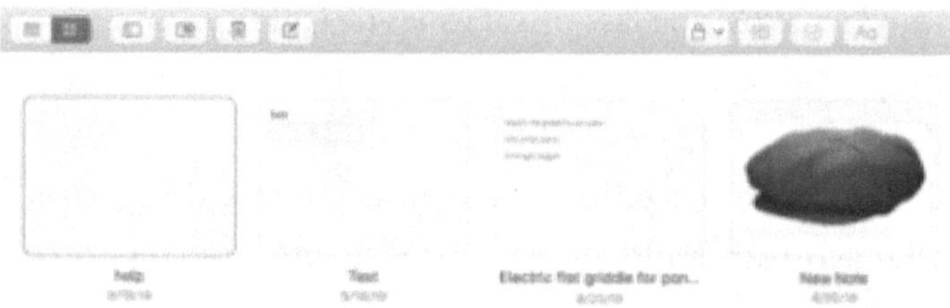

Si está en la vista de lista, sólo tendrá que hacer clic una vez en la Nota para abrirla; si está en la vista de miniaturas, tendrá que hacer doble clic en ella.

Carpetas

El siguiente botón sirve para crear carpetas.

Aparecerá una lista de todas sus carpetas (si las tiene).

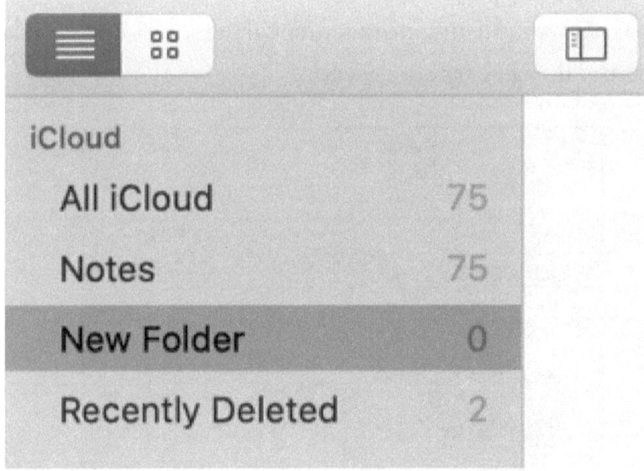

Si aún no tienes ninguna, haz clic en Nueva carpeta en la parte inferior de la ventana.

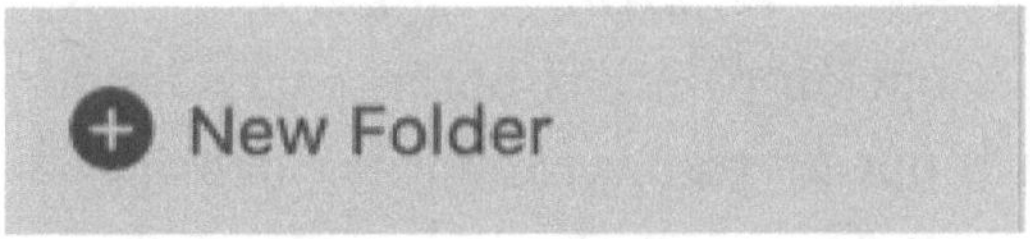

Para cambiar el nombre, eliminar o añadir personas a la carpeta, haga clic en los tres puntos con un círculo alrededor.

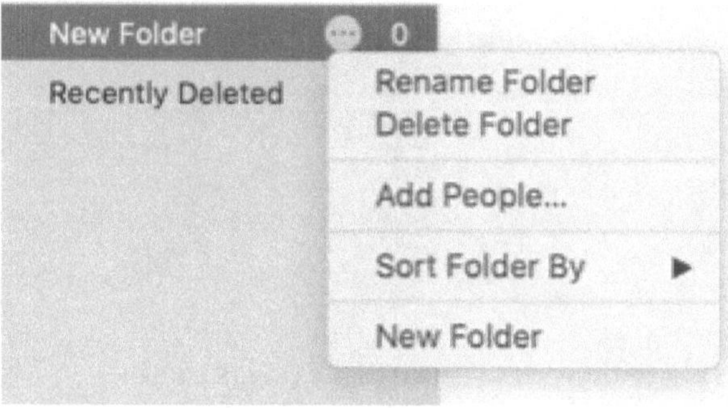

Por último, para añadir una nota a una carpeta, haz clic en ella desde el lateral y arrástrala a la carpeta deseada.

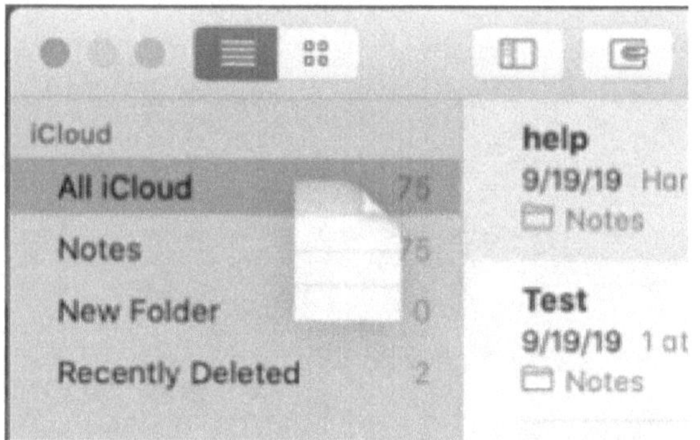

Una vez que haya terminado, haga clic de nuevo en el botón de vista para ocultar el panel de carpetas.

Ver archivos adjuntos

La siguiente opción parece el botón para adjuntar cosas; eso no es correcto. Es la opción para ver todos los archivos adjuntos que has añadido a las notas. Cuando pulses sobre ella, podrás ordenar por los diferentes tipos de archivos adjuntos (Fotos y vídeoss, Escaneos, MapasMapas, Sitios Web, Audio y Documentos).

Cuando haces doble clic en un adjunto, se abre una vista previa del mismo (*no* se abre la nota en la que se encuentra). Si desea ver la nota en la que se encuentra, haga clic con el botón derecho del ratón para abrir el menú de opciones y haga clic en "Mostrar en nota".

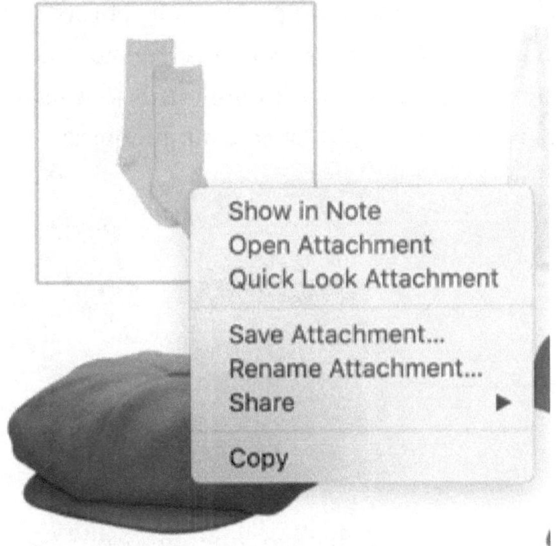

Borrar nota

La siguiente opción es bastante sencilla. Borra la nota que tengas seleccionada en ese momento.

Crear una nota

Junto al botón de borrar está el botón "Crear una nota", que, como es de esperar, crea una nota. Cuando abras la nota, el panel izquierdo tendrá el nombre de la nota con una marca de tiempo, y el derecho tendrá un área de texto vacía para escribir. El título de la nota cambiará cuando empieces a escribir texto; la primera línea de texto es el título de tu nota. No puedes cambiar el nombre del título; si cambias la primera línea de texto de la nota, el título cambiará automáticamente.

Nota de bloqueo

La seguridad de Notes puede no parecer tan robusta como la de otros procesadores de texto, pero existe una función de bloqueo muy ingeniosa que ayuda a mantener las notas privadas seguras y sólo para tus ojos. Para utilizarla, haz clic en el icono Bloquear.

Aparecerá un cuadro de diálogo que te pedirá que añadas una contraseña. Ahora, cada vez que quieras abrir la Nota, necesitarás una contraseña. Si olvidas la contraseña, no podrás acceder a tu Nota, así que ¡ten cuidado!

Crear una tabla

También puedes añadir tablas a tu nota. Personalmente, me limitaría a añadir tablas en otras suites de procesamiento de textos, porque ésta es una función un poco más engorrosa que otras herramientas que existen. Pero si quieres probarlo, haz clic en el icono Tablas.

Esto añade una tabla muy pequeña a tu nota: sólo dos filas y dos columnas.

Para añadir una fila o columna, haz clic en los tres puntitos situados encima de la columna o a la izquierda de la fila y, a continuación, haz clic en lo que quieras añadir. También puedes borrarla utilizando este método.

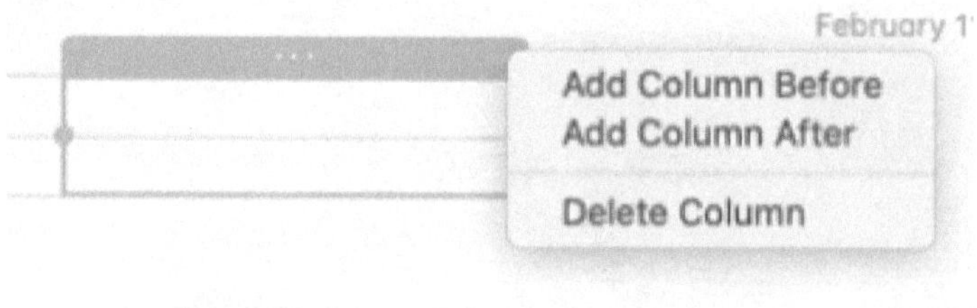

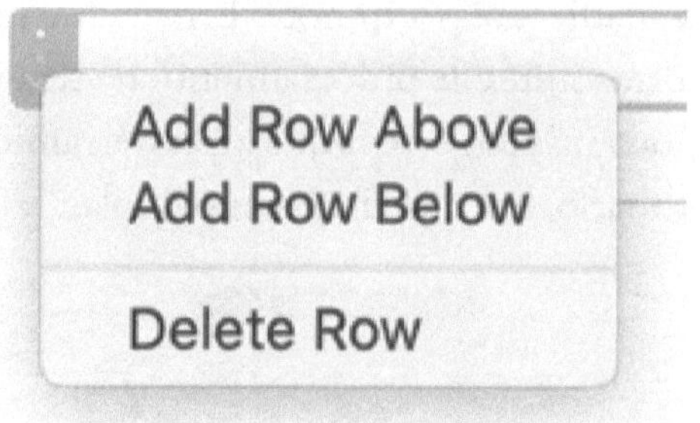

Crear una lista de control

Si utiliza Notas para crear una lista compartida entre personas (o sólo una lista para ti), haz clic en el icono Comprobar.

Esto convierte cada línea de texto en una lista. Si pulsa Intro en el teclado, se creará un nuevo elemento de la lista; si pulsa Intro dos veces, saldrá del modo de lista y volverá a la escritura normal.

Puedes hacer clic dentro de cualquiera de los círculos y marcar un elemento. Si te equivocas, puedes volver a desmarcarlo.

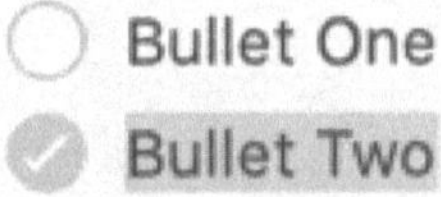

También puede mover un elemento de la lista hacia arriba o hacia abajo haciendo clic con el botón derecho sobre él y, a continuación, yendo a "Mover elemento de la lista".

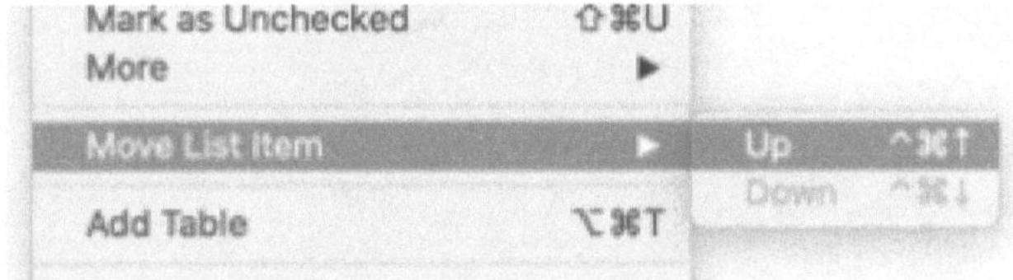

Haciendo clic con el botón derecho, también puede ir a Más y marcar todos los elementos (o desmarcar todos los elementos).

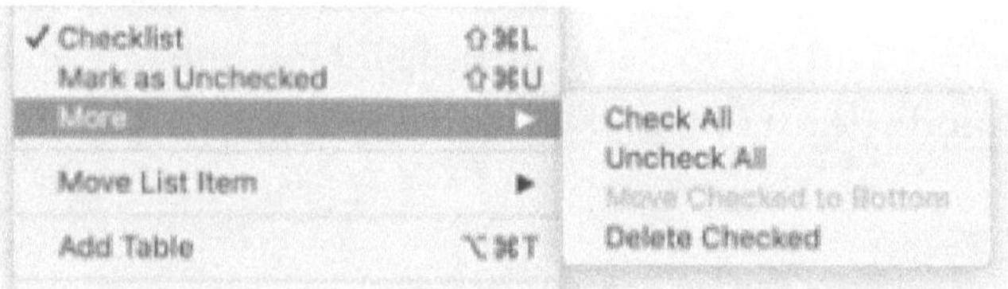

Añadir un estilo

Aunque no se puede modificar tanto el formato como en otros procesadores de texto, Notes dispone de estilos básicos. Para acceder a ellos, haz clic en el icono Aa.

Aparecerá un desplegable con todos los estilos posibles.

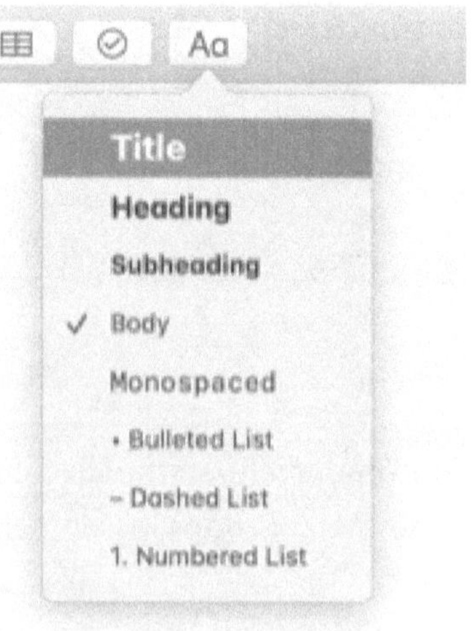

Añadir bocetos e imágenes

Una de las muchas áreas en las que Apple siempre ha brillado es en la sincronización entre dispositivos. Usando Notas para Mac con tu iPhone, puedes añadir bocetos o hacer fotos.

Para empezar, ve al icono de fotos. Aparecerá un menú desplegable con todas las opciones. Por supuesto, puedes añadir cualquier foto de tu Mac con la opción Fotos de tu Mac.

Al utilizar las tres opciones siguientes (Tomar foto, Escanear documentos, Añadir boceto) aparecerá una imagen que te pedirá que te conectes a tu teléfono para completar las tareas (asegúrate de que estás en la misma red).

Cuando añades un boceto, lo dibujas en tu teléfono.

Una vez que pulses Hecho en tu teléfono, aparecerá automáticamente en Notas para Mac.

Añadir colaboradores

Si quieres añadir a otras personas a tu nota, haz clic en el icono con la persona y +.

A continuación, haga clic en "Nota 'Nueva Nota'".

Te preguntará cómo quieres añadirlos. A través de mensajes, un enlace, AirDropetc.

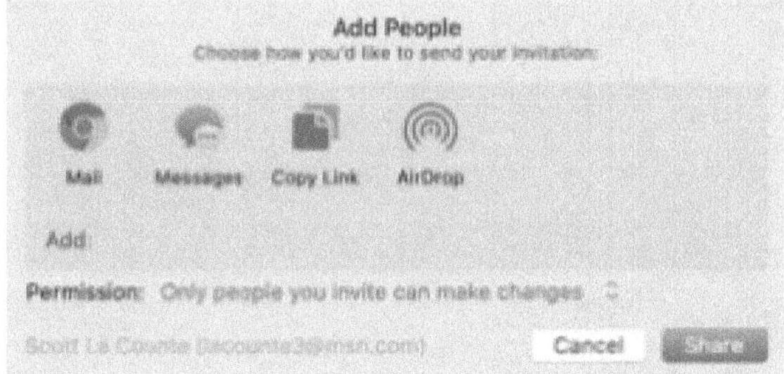

Cuando estés listo, haz clic en Compartir, pero antes haz clic en el menú desplegable Permisos y asegúrate de que está configurado como quieres. Puedes permitir que los demás vean la nota o que puedan hacer cambios.

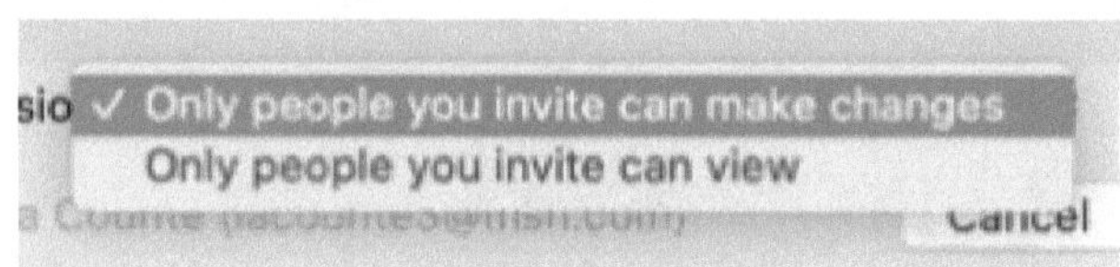

Compartir Notas

Si quieres compartir la nota sin añadir a la persona a la nota, haz clic en el icono de compartir.

A continuación, elige cómo quieres compartir la nota.

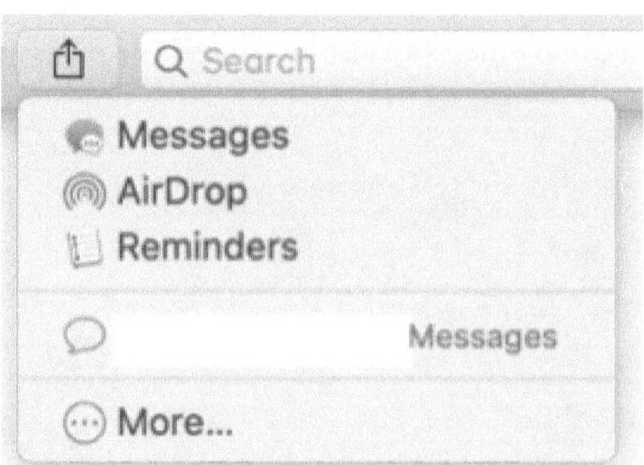

Nota de búsquedas

La última opción de la barra de herramientas es el cuadro de búsqueda. Te permite buscar en todas tus notas diferentes palabras clave. Por ejemplo, cada vez que voy a un lugar con una red Wi-Fi públicaañado la clave de red a una nota de contraseña Wi-Fi (no lo recomiendo para contraseñas sensibles); cuando necesito encontrarla rápidamente, busco "WiFi" y aparece inmediatamente.

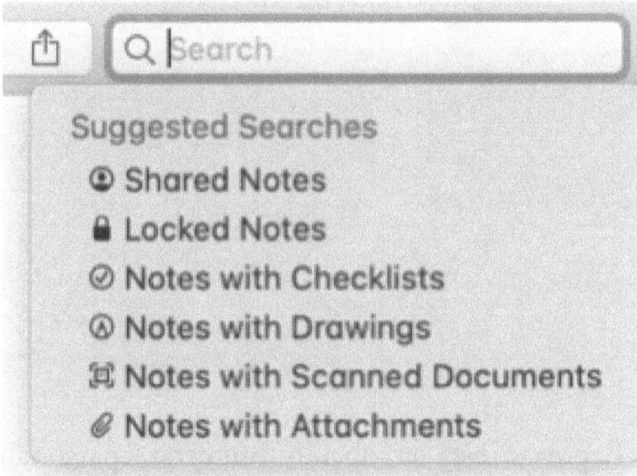

Nota de exportacións

Ahora que hemos visto todas las funciones de la barra de herramientas, subamos un nivel hasta la barra de menú superior. Todo lo que hiciste en la barra de herramientas, también lo puedes hacer allí; también hay, sin embargo, algunas características adicionales.

La primera es exportar una Nota como PDF. Se encuentra en Archivo > Exportar como PDF.

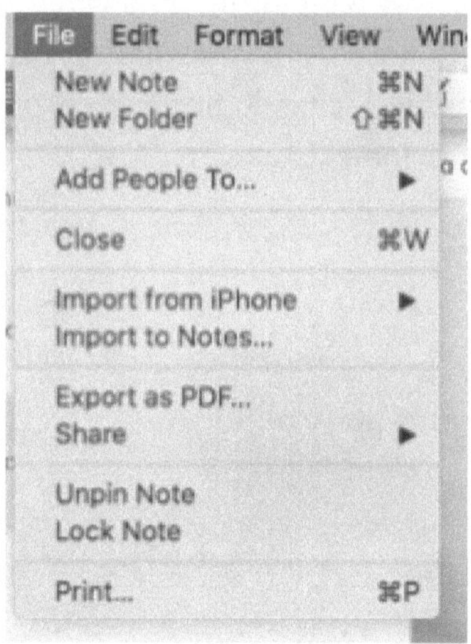

Encima de Exportar está la opción Importar; personalmente, me resulta más fácil simplemente compartir una nota desde otro dispositivo, pero si tienes una copia en algún sitio y tienes una razón para importarla, entonces irías aquí.

Notas de fijación

Anclar notas es una función muy básica, pero útil; cuando haces clic en una nota y seleccionas Anclarla desde Archivo > Anclar nota, la pega en la parte superior de todas tus notas para que sea más fácil encontrarla.

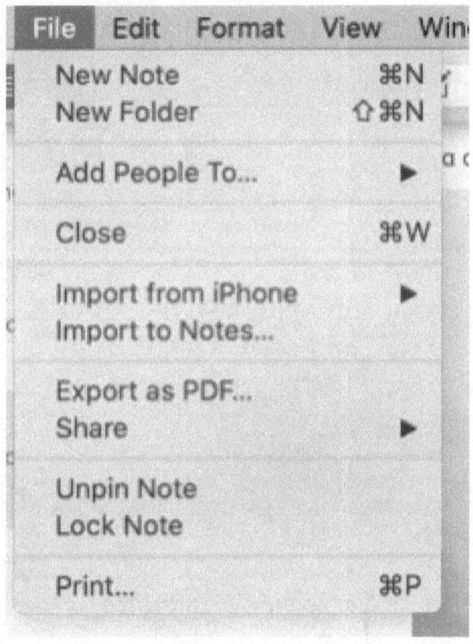

Adjuntar archivos

A diferencia de muchas aplicaciones de procesamiento de textos, puedes adjuntar archivos a Notas. Vaya a Edición > Adjuntar archivo.

Corrección ortográfica

Como cualquier software de tratamiento de textos, hay un corrector ortográfico enterrado en el menú superior. Puedes iniciar el corrector ortográfico yendo a Edición > Ortografía y gramática. Por defecto, revisa la ortografía y la gramática mientras escribes.

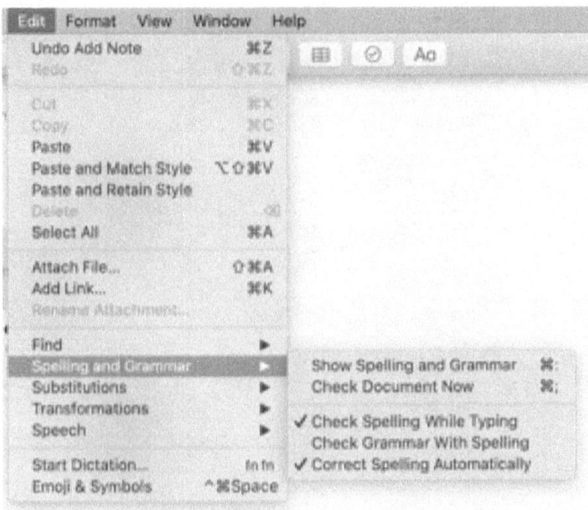

Formateador de fuentes

Por último, aunque cambiar el color / tipo de fuente no es tan sencillo como en Pages o Word, sigue siendo posible. Vaya a Formato > Fuente.

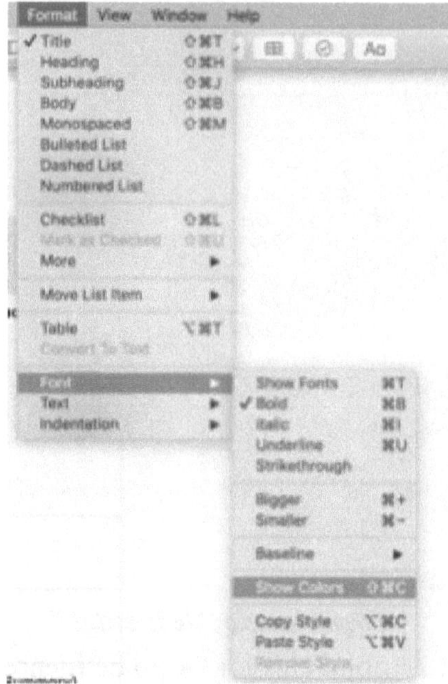

Nota rápida

Nota Rápida te permite anotar cosas rápidamente mientras trabajas. ¿Cómo funciona? Depende de cómo quieras que funcione. Para que funcione, primero tienes que crear un acceso directo para acceder a ella.

Entra en LaunchPad y abre Preferencias del Sistema.

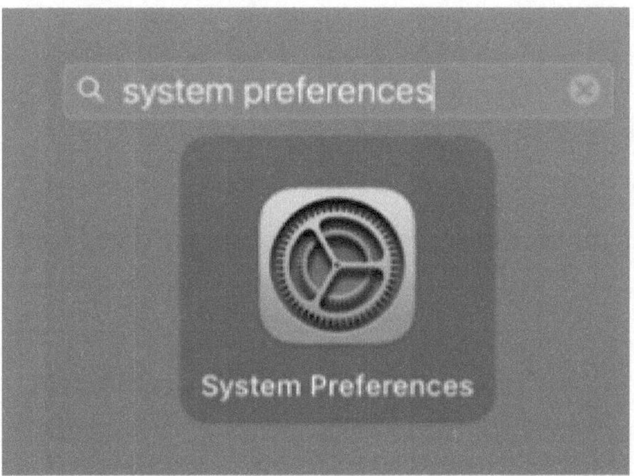

A continuación, haga clic en Escritorio y salvapantallas.

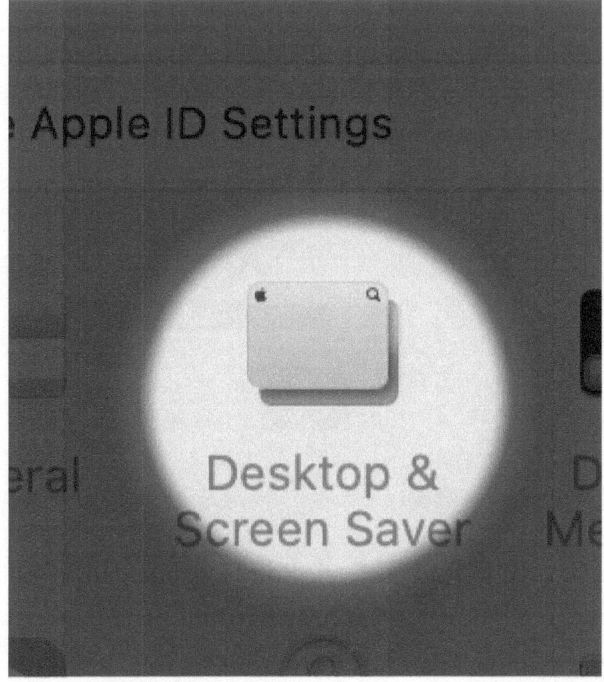

Haz clic en la pestaña Salvapantallas.

En la esquina inferior derecha hay un botón que dice Hot Corners. Haz clic en él.

Hot Corners le dice al sistema operativo que cuando entras en una esquina, quieres que haga algo. Busca una esquina, haz clic en el menú desplegable y selecciona Nota rápida.

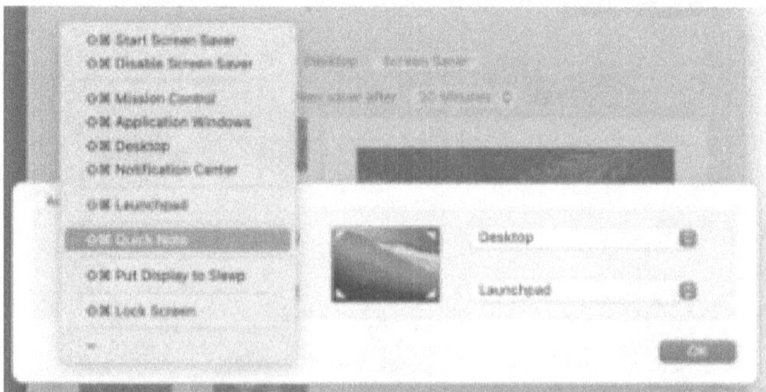

La esquina ya está activada. He elegido la esquina superior izquierda. Cuando muevo el ratón hasta allí, aparece un pequeño recuadro. Para abrir la Nota Rápida, tengo que hacer clic en ese recuadro.

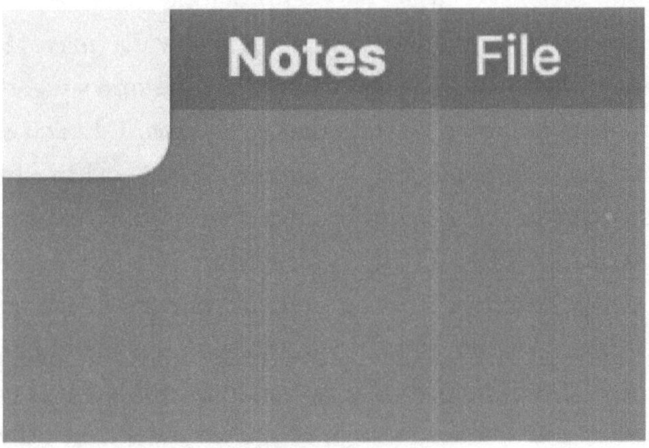

Ahora debería abrirse tu nota. Se sincronizará con cualquier dispositivo en el que hayas iniciado sesión con la misma dirección de iCloud.

App Store

La App Store es donde podrás descargar e instalar muchas aplicaciones diferentes que han sido desarrolladas específicamente para su uso con un ordenador Mac. Estas aplicaciones harán de todo, desde añadir nuevas funcionalidades y hacer tu vida más fácil, hasta proporcionar una forma divertida de perder el tiempo y jugar a algunos juegos durante el tiempo de inactividad en el trabajo. Ten en cuenta que para que la App Store funcione, necesitas estar conectado a Internet.

Para que quede claro, las aplicaciones compradas en el App Store sólo funcionan en Mac; si tienes dos Mac, puedes descargarlas en ambos si tienes la misma cuenta. Pero no puedes descargarlas en tu iPhone o iPad. Así que, si te preguntas por qué un juego que has descargado en el iPhone o el iPad no está disponible gratis en tu Mac, esa es la razón. Las aplicaciones para Mac se desarrollan utilizando un marco totalmente diferente.

Abra la App Store seleccionándola a través del Dock o el Launchpad. La página de inicio del App Store te dará la bienvenida, mostrándote lo último y lo mejor del mundo de las aplicaciones.

En la parte superior verás diferentes secciones: Destacados, Top Charts, Categorías, Compras y Actualizaciones..

Las pestañas Destacadas, Top Charts y Categorías te mostrarán aplicaciones que se pueden descargar, pero organizadas de diferentes maneras. Destacadas te mostrará las mejores aplicaciones nuevas, los mejores juegos nuevos, las elecciones del editor y colecciones de diferentes aplicaciones que funcionan muy bien juntas.

Top Charts te muestra lo mejor de lo mejor en cuanto a aplicaciones disponibles, y está desglosado por Top Paid, Top Free y Top Grossing. A la derecha, también puedes navegar por las Top Apps desglosadas por categorías, por si quieres afinar tu búsqueda.

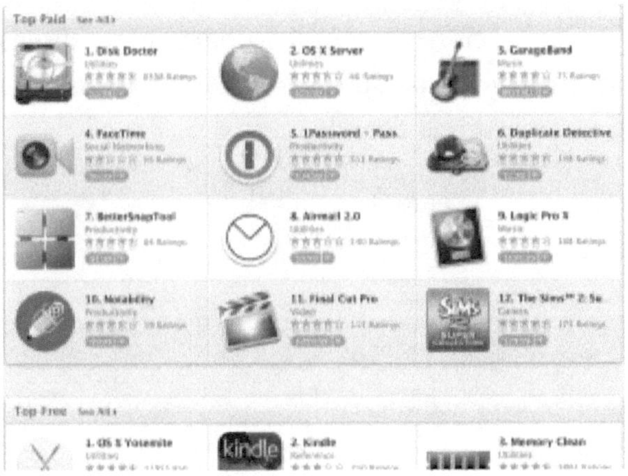

Las categorías dividen aún más la búsqueda de aplicaciones en diferentes categorías como Negocios, Educación, Referencia, Productividad, Medicina, Entretenimiento y Juegos.

Al elegir una categoría, aparecerán más selecciones y el lado derecho se llenará con aún más categorías. Por ejemplo, si selecciona la categoría Empresas, accederá a la página principal de aplicaciones para empresas, donde aparecen las aplicaciones más populares. A la derecha, se pueden seleccionar categorías más pequeñas como Aplicaciones para escritores, Desarrollo de aplicaciones o Aplicaciones para diseñadores. No importa en qué categoría de aplicaciones te encuentres; la lista sigue siendo la misma en la mitad derecha.

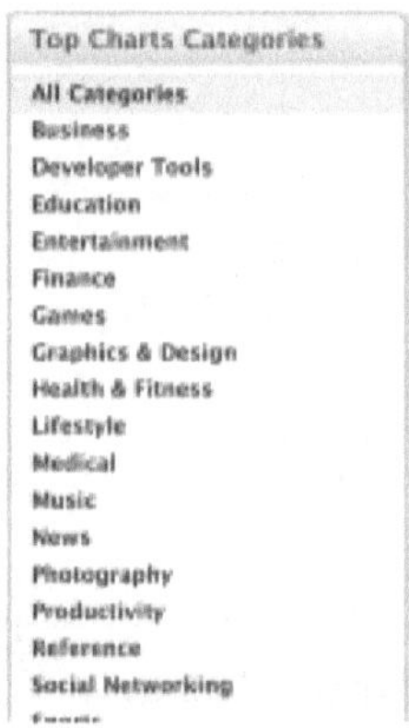

Compras y actualizaciones es donde puedes ver las descargas anteriores del App Store del App Store. El título Compras puede ser un poco engañoso, porque tus aplicaciones gratuitas también aparecerán aquí. En la sección Actualizaciones, puedes ver qué aplicaciones necesitan actualizarse a la última versión. Si tienes varias aplicaciones que necesitan actualizarse, puedes elegir el botón Actualizar todo y aparecerá toda la lista.

Fotos

Fotos existe en el Mac desde hace bastante tiempo. En OS Catalina, sin embargo, recibió un pequeño lavado de cara que se asemeja más a la experiencia en el iPad y el iPhone.

Para empezar, vaya a Fotos desde el Launchpad.

Si tu Mac está sincronizado con tu iPhone, tus fotos también lo estarán. No es necesario moverlas. Si no tienes un iPhone o tienes otras fotos que te gustaría añadir que no fueron tomadas en un dispositivo Apple, entonces puedes ir a Archivo > Importar.

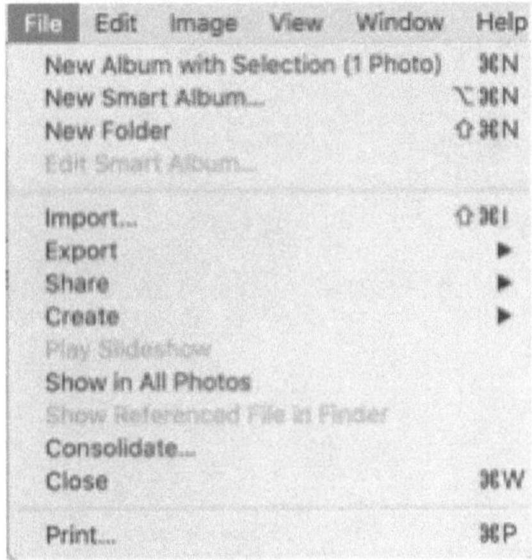

Hay varias opciones en el menú superior. La primera es el control deslizante más grande / más pequeño.

Permite ajustar el tamaño de la vista previa en miniatura de las fotos.

Al lado está la opción Años / Meses / Días / Todas las fotos que te permite elegir cómo se agrupan las fotos.

Si tienes una foto seleccionada, puedes hacer clic en la "i" y ver información sobre ella (qué cámara se utilizó, resolución, ISO, tamaño del archivo, etc.).

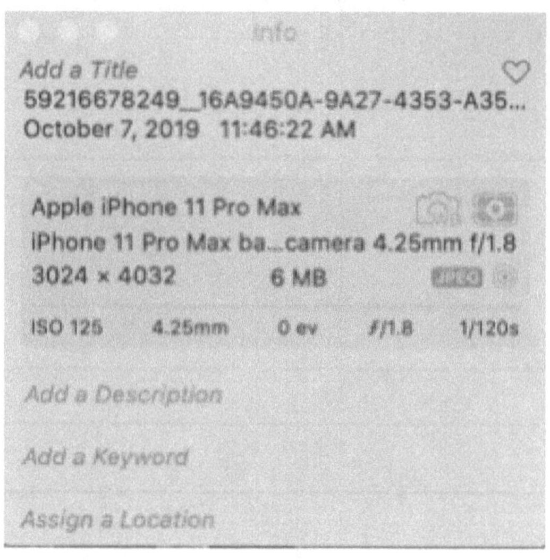

Junto a la información está la opción de compartir, marcar como favoritas, rotar o buscar imágenes.

La búsqueda es bastante inteligente: puedes buscar por el nombre de las personas o por el lugar donde se tomó la foto.

En el menú de la izquierda, tiene la opción de ver fotos específicas: fotos con personas, por ejemplo.

Si entras en Recuerdos, puedes ver pases de diapositivas de fotos anteriores (la IA de Apple las agrupa). Para ver la presentación, haz clic con el botón derecho (con dos dedos) en el recuerdo que quieras ver.

En Álbumes en el menú de la izquierda, puedes hacer clic con el botón derecho para crear un nuevo Álbum.

Si selecciona Nuevo Álbum Inteligentepuede crear un Álbum basado en un filtro definido por usted.

Una vez creado un Álbumpuedes hacer clic con el botón derecho en cualquier foto y añadirla a ese Álbum.

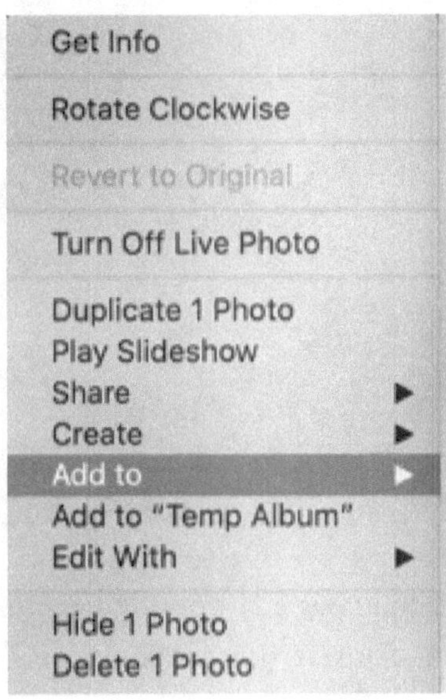

Al hacer doble clic en cualquier foto, puedes editarla. En el modo de edición, hay una opción de edición automática, que ajusta la iluminación basándose en lo que la IA considera correcto.

Hay docenas de opciones de edición básicas y avanzadas.

Hay tres secciones principales a la hora de hacer ediciones (accesibles en el menú superior): Ajustar (correcciones de iluminación), Filtros (filtros fotográficos predefinidos) y Recortar..

Aplicaciones menos utilizadas

Hay muchas aplicaciones en Mac que probablemente ves pero no usas. Aquí tienes un resumen de algunas de esas apps y de cuándo podrías usarlas.

TextEdit es la respuesta de Apple al Bloc de notas de Microsoft. Se trata de un sencillo editor de texto sin formato. No es nada del otro mundo, pero sirve para tomar notas.

Stickies es una aplicación que te encanta o la odias. Sin embargo, si estás en el bando de los que la adoran, ahí siguen. Stickies son como notas Post-it para tu escritorio. Sólo tienes que abrir la aplicación Stickies desde Launchpad y empieza a pegarlas.

Siri

Si has utilizado Siri en el iPhone, el iPad o el Apple Watch, esta función te resultará muy útil. Siri está integrada en el Dock. Para usarla, haz clic en el icono del Dock.

SUGERENCIA: Hay un atajo de teclado para activar Siri: mantén pulsada la tecla Comando y la barra espaciadora.

Siri es genial para hacer preguntas generales, pero también funciona para hacer tareas más complicadas. Aquí tienes algunos ejemplos:

Arrastrar y soltar imágenes - Pide a Siri que te busque fotos de algo; te confirmará si quieres imágenes de la web o de tu disco duro. Te devolverá las fotos y podrás hacer clic en ellas y arrastrarlas a documentos, correos electrónicos y muchas otras cosas.

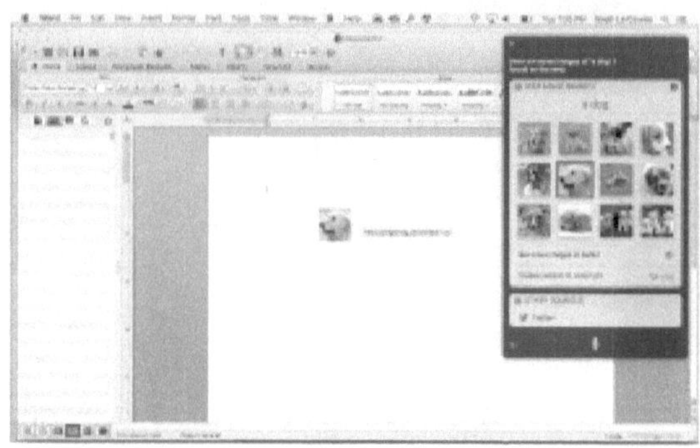

Localización de archivos - Siri funciona como el buscador... pero más fácilmente. Puedes decirle a Siri que busque un archivo específico, o puedes decirle a Siri que te busque todos los archivos abiertos la semana pasada, o prácticamente cualquier otra cosa.

Asistente personal - Siri es genial para hacer tareas por ti. Puedes pedirle a Siri que envíe un correo electrónico a alguien, que lea mensajes de texto o que haga una cita en tu calendario. Pídeselo y verás lo que pasa.

Si quieres cambiar la configuración de Siri(cambiar la voz de mujer a hombre, por ejemplo), ve al Launchpadabre Preferencias del Sistemay haz clic en Siri.

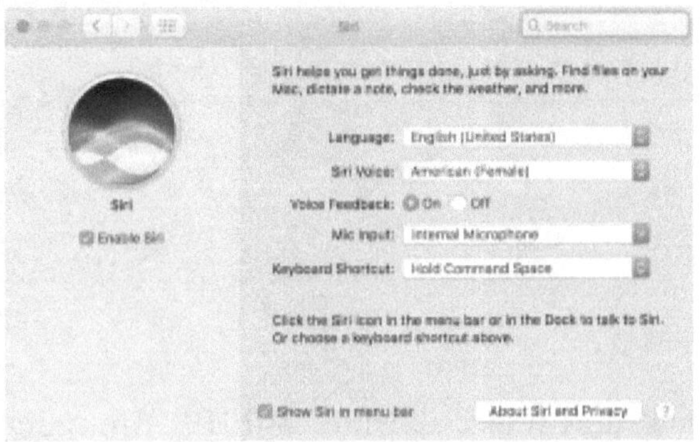

[7]

Servicios Apple

Introducción

Solía ocurrir que un par de veces al año Apple subía al escenario y anunciaba algo por lo que a todo el mundo le estallaba la cabeza. ¡El iPhone! el iPad ¡El Apple Watch! ¡El iPod!

Eso sigue ocurriendo hoy en día, pero Apple también es muy consciente de la realidad: la mayoría de la gente no actualiza su hardware cada año. ¿Cómo gana dinero una empresa cuando eso ocurre? En una palabra: servicios.

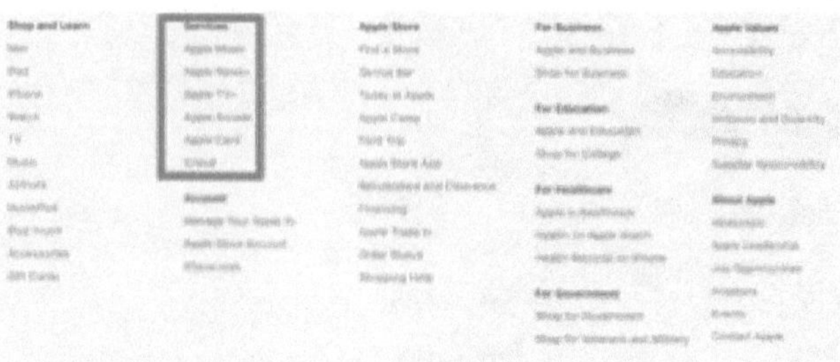

En los últimos años (especialmente en 2019) Apple anunció varios servicios, cosas por las que la gente optaría por pagar mensualmente. Era una forma de seguir ganando dinero incluso cuando la gente no compraba hardware.

Para que funcionara, Apple sabía que no podía limitarse a ofrecer un servicio inferior y esperar que la gente pagara porque ponía Apple. Tenía que ser bueno. Y lo es.

iCloud

iCloud es algo de lo que Apple no habla mucho, pero es quizás su servicio más importante. Se calcula que casi 850 millones de personas lo utilizan. Sin embargo, lo que ocurre es que mucha gente ni siquiera sabe que lo está usando.

¿Qué es exactamente? Si estás familiarizado con Google Drive, entonces el concepto es algo que probablemente ya entiendes. Es un almacén online. Pero es más que eso. Es un lugar donde puedes almacenar archivos, y también sincroniza todo, así que si envías un mensaje en tu iPhone, aparece en tu MacBook e iPad. Si trabajas en una presentación de Keynote desde tu iPad, puedes continuar donde lo dejaste en tu iPhone.

Lo mejor de iCloud es que es asequible. Los dispositivos nuevos obtienen 5 GB gratis. A partir de ahí, la gama de precios es la siguiente (ten en cuenta que estos precios pueden cambiar después de la impresión):

- 50 GB: 0,99
- 200 GB: 2,99
- 2TB: 9,99

Estos precios son para todos los miembros de tu familia. Así, si tienes cinco personas en tu plan, cada una no necesita su propio plan de almacenamiento. Esto también significa que las compras se guardan: si un miembro de la familia compra un libro o una película, todos pueden acceder a ella.

iCloud se ha vuelto aún más potente a medida que crece nuestra fototeca. Las fotos solían ser relativamente pequeñas, pero a medida que las cámaras han avanzado, el tamaño aumenta. La mayoría de las fotos de tu Mac ocupan varios MB. iCloud significa que puedes conservar las más recientes en tu teléfono y poner las más antiguas en la Nube. También significa que no tienes que preocuparte por pagar por el teléfono con el disco duro más grande; de hecho, incluso si tienes el disco duro más grande, existe la posibilidad de que no quepan todas tus fotos.

Dónde está iCloud?

Si miras tu MacBookno verás una app de iCloud iCloud. Eso es porque no hay una app de iCloud. Para ver iCloud, dirige el navegador de tu ordenador a iCloud.com.

Una vez que inicies sesión, verás todas las cosas almacenadas en tu Nube: fotos, contactos, notas, archivos; todas ellas son cosas a las que puedes acceder a través de todos tus dispositivos.

Además, puedes usar iCloud desde cualquier ordenador (incluso PC); esto es especialmente útil si necesitas utilizar Buscar mi Macque no solo localiza tu ordenador, sino también todos tus dispositivos Apple (teléfonos, relojes, incluso AirPods...)..

Cómo hacer una copia de seguridad del ordenador con iCloud

Lo primero que debes saber sobre iCloud es cómo hacer una copia de seguridad de tu ordenador con él. Esto es lo que tendrás que hacer si te mudas de un Mac a otro.

Si no hay aplicación iCloud en el ordenador, ¿cómo se hace? Aunque no hay una app nativa en el sentido tradicional al que estás acostumbrado, hay varios ajustes de iCloud en Preferencias del Sistema.

Abra las Preferencias del Sistemaen la parte superior verás tu nombre y tu foto de perfil; haz clic en ellos. Aparecerá la opción de gestionar iCloud.

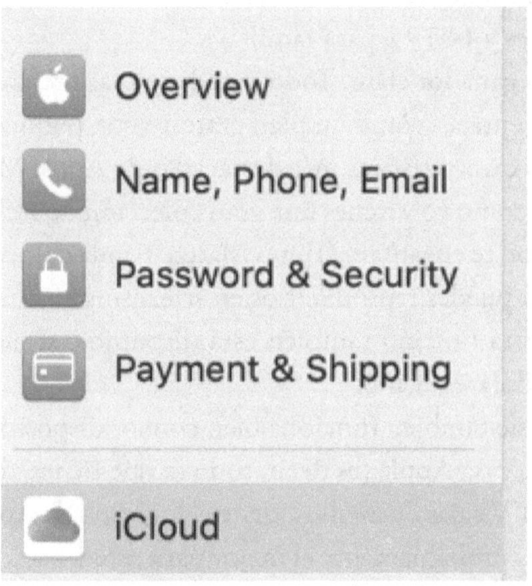

iCloud Unidad

Para ver tus archivos en la nube, abre la app Finder ; en el menú de la izquierda, hay una opción para iCloud Drive.

Puedes utilizar iCloud Drive para crear y mover carpetas como lo harías en la app Finder app.

Apple Music

Apple Music es el servicio de música en streaming de Apple.

La pregunta que se hace la mayoría de la gente es cuál es mejor: Spotify o Apple Music? Sobre el papel es difícil de decir. Ambos tienen el mismo número de canciones y cuestan lo mismo (9,99 $ al mes, 5 $ para estudiantes y 14,99 $ para familias).

No hay un ganador claro. Todo se reduce a las preferencias. Spotify tiene algunas ventajas, como un plan gratuito con publicidad.

Una de las características más destacadas de Apple Music es iTunes Match. Si eres como yo y tienes una gran colección de archivos de audio en tu ordenador, te encantará iTunes Match. Apple coloca esos archivos en la nube y tú puedes reproducirlos en streaming en cualquiera de tus dispositivos. Esta función también está disponible si no tienes Apple Music por 25 dólares al año.

Apple Music también funciona bien con los dispositivos Apple; así que, si eres una casa Apple (es decir, todo lo que tienes, desde altavoces inteligentes a TV cajas de medios, tiene el logotipo de Apple), entonces Apple Music es probablemente el mejor para usted.

Apple es compatible con otros altavoces inteligentes, pero está hecho para brillar en sus propios dispositivos.

No voy a hablar aquí de Spotify, pero mi consejo es que pruebes los dos (ambos tienen versiones de prueba gratuitas) y veas qué interfaz prefieres.

Apple Music Curso intensivo

Antes de repasar dónde están las cosas en Apple Musicvale la pena señalar que ya se puede acceder a Apple Music desde el navegador web (en versión beta) aquí: http://beta.music.apple.com.

También hay que tener en cuenta que tengo una niña pequeña y no escucho mucha música "para adultos", por lo que los ejemplos que voy a poner son de música para niños.

La navegación principal en Apple Music está en el menú lateral:

- Para ti
- Visite
- Radio

También hay una Biblioteca debajo de esto de lo que has descargado.

Biblioteca

Cuando crees listas de reproducción o descargues canciones o álbumes, aquí es donde los encontrarás.

Puede cambiar las categorías que aparecen en esta primera lista pulsando en Editar y marcando las categorías que desee. Asegúrate de pulsar Hecho para guardar los cambios.

Para ti

A medida que reproduces música, Apple Music empieza a conocerte más y más; te hace recomendaciones basadas en lo que estás reproduciendo.

En For You, puedes conseguir una mezcla de todas estas canciones y ver otras recomendaciones.

Además de diferentes estilos de música, también tiene recomendaciones de amigos para que puedas descubrir nueva música basándote en lo que escuchan tus amigos.

Visite

¿No te gustan las recomendaciones? También puedes explorar géneros en el menú Explorar. Además de las diferentes categorías de géneros, puedes ver qué música es nueva y qué música es popular.

Radio

La radio es la versión de Apple de AM/FM; la emisora principal es Beats One. Hay DJs y todo lo que puedes esperar de una emisora de radio.

Aunque Beats One es la emisora estrella de Apple, no es la única. Puedes desplazarte hacia abajo y pulsar Emisoras de radio en Más para explorar y ver otras emisoras basadas en estilos musicales (por ejemplo, country, alternativa, rock, etc.). Bajo este menú, también encontrarás un puñado de emisoras de entrevistas que cubren noticias y deportes. No esperes encontrar la radio de opinión que puedes escuchar en la radio normal: está bastante libre de controversias.

Buscar en

La última opción es el menú de búsqueda, que se explica por sí mismo. Escribe lo que quieres encontrar (artista, álbum, género, etc.).

Escuchar música y crear una lista de reproducción

Puedes acceder a la música que estás escuchando en ese momento desde la parte superior de la pantalla.

Si haces clic con el botón derecho (con dos dedos) sobre el álbum, aparecen varias opciones. Una es llevarte al álbum, que muestra una vista a pantalla completa.

Si haces clic en el botón con forma de chat, verás el texto de lo que se está reproduciendo.

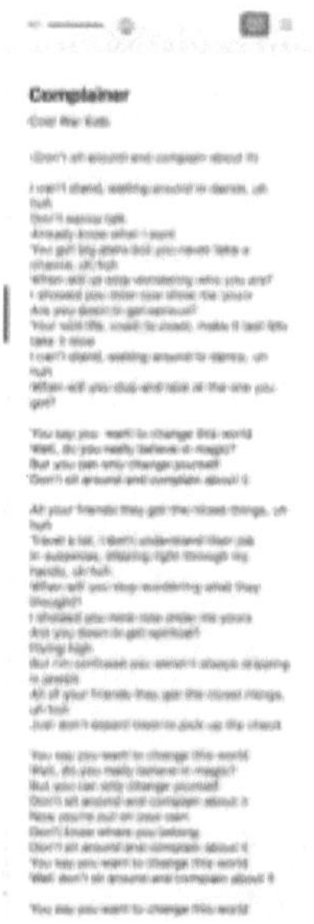

A la izquierda está la opción para seleccionar dónde quieres reproducir la música. Por ejemplo, si tienes un HomePod y quieres escuchar de forma inalámbrica la música de ese dispositivo, puedes cambiarlo aquí.

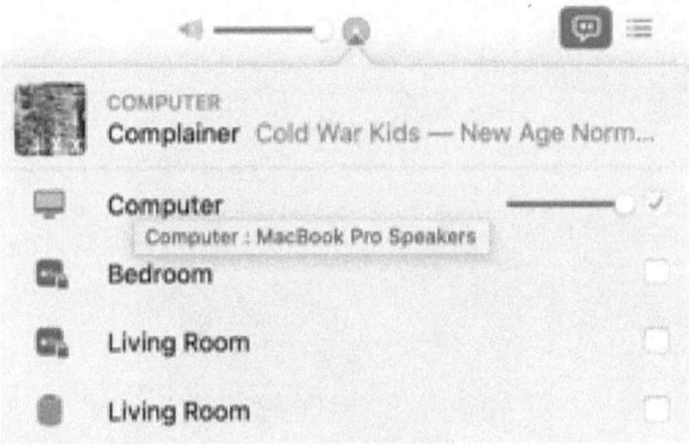

La opción del extremo derecho muestra la(s) siguiente(s) canción(es) de la lista de reproducción.

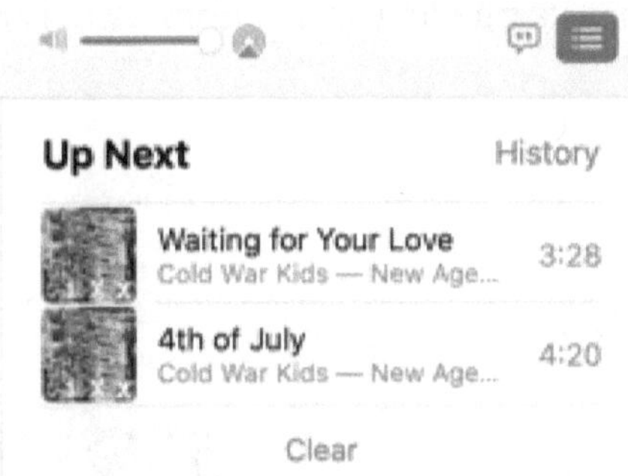

Si quieres añadir una canción a una lista de reproducción, haz clic con el botón derecho en la canción y selecciona la lista de reproducción (o crea una).

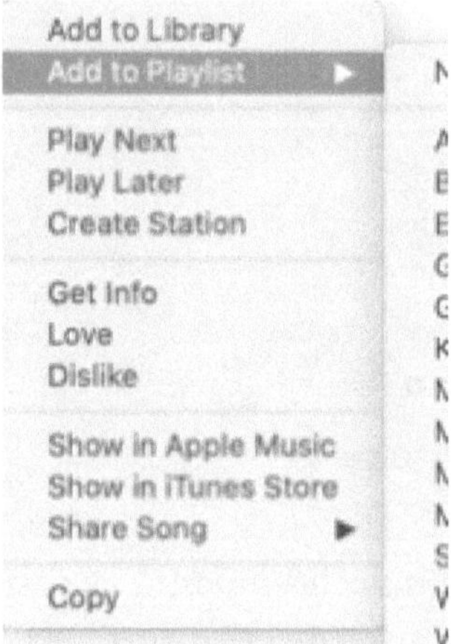

En cualquier momento, puedes tocar el nombre del artista para ver toda su música.

Además de ver información sobre el grupo, sus canciones populares y sus álbumes, puedes obtener una lista de reproducción de sus canciones esenciales o una lista de reproducción de grupos a los que han influido.

Si te desplazas hasta la parte inferior, también puedes ver Artistas similares, que es una forma estupenda de descubrir nuevos grupos parecidos a los que estás escuchando en ese momento.

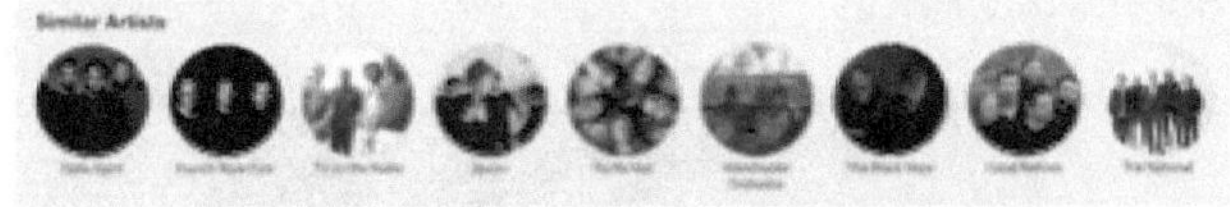

Consejos para sacar el máximo partido a Apple Music

Corazón

¿Te gusta lo que oyes? ¿Te gusta? ¿Lo odias? No te gusta. Apple llega a conocerte por lo que escuchas, pero mejora la precisión cuando le dices lo que piensas de una canción que realmente te gusta... o que realmente odias.

Descargar música

Si no quieres depender de la wi-fi cuando estás de viaje, asegúrate de tocar la nube en tu música para descargarla localmente en tu teléfono. Si no ves una nube, añádela a tu biblioteca pulsando el signo más, lo que la convertirá en una nube.

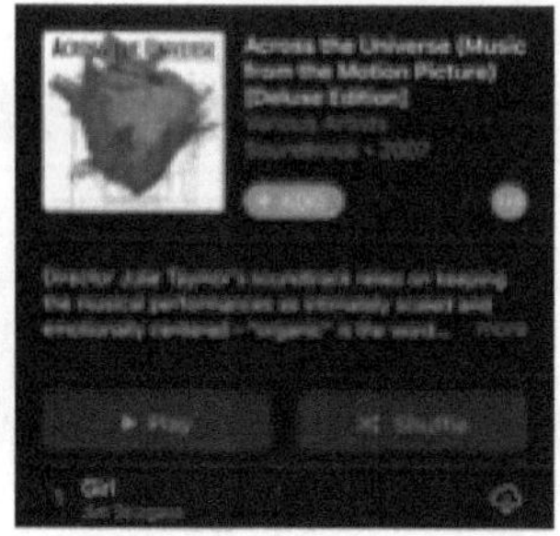

Hola Siri

Siri ¡sabe de música! Di "Oye Siri" y di lo que quieres escuchar, y la IA se pondrá manos a la obra.

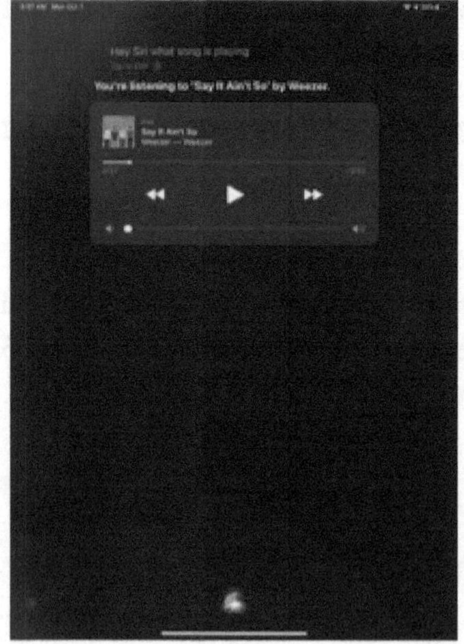

[8]

Cómo personalizar las cosas

Este capítulo tratará:

- Preferencias del sistema
- Añadir redes sociales y otras cuentas
- Control del sonido
- Grupos de usuarios
- Capturas de pantalla
- Continuidad fotográfica
- Accesibilidad
- Privacidad / seguridad

Así que ya sabes lo básico; deberías ser capaz de moverte por el escritorio con facilidad y utilizar todos los programas básicos cómodamente. Pero aún no te sientes del todo... tú. Sigue teniendo todos los ajustes, colores, gestos y fondos predeterminados. Seguro que es un ordenador genial, pero ahora vamos a hacer que se sienta como tu ordenador.

Preferencias del sistema

A todos los ajustes principales se accede desde Preferencias del Sistema que es esencialmente el equivalente en Mac del Panel de Control en un ordenador Windows. Windows. Así que para empezar, vamos a llegar a Preferencias del Sistema haciendo clic en Launchpady, a continuación, en el icono Preferencias del Sistema.

Wolf puede acceder a él haciendo clic en la manzana situada en la esquina superior izquierda del menú y pulsando Preferencias del Sistema..

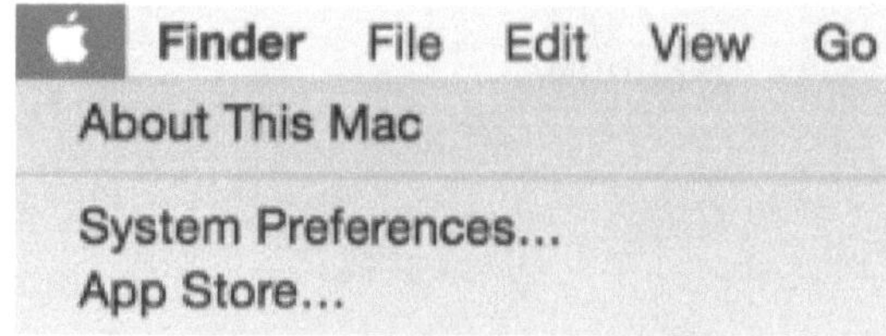

Una vez abierta la aplicación, verás que hay muchas cosas que puedes configurar.

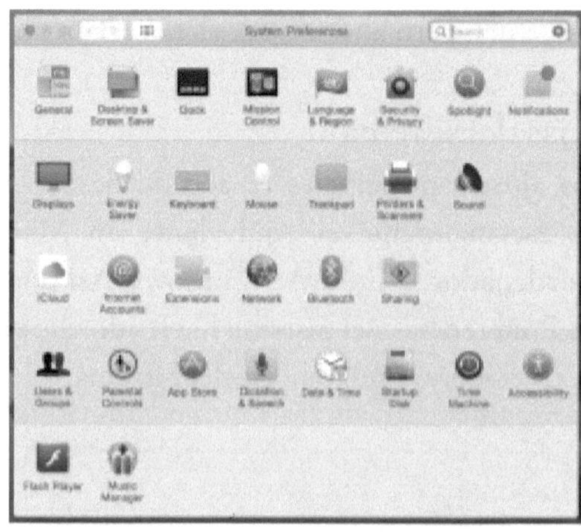

General

Empecemos por la primera opción: General. En General, puedes:

- Cambia el aspecto de los botones principales, las ventanas y los menús seleccionando Azul o Grafito.
- Elija el color de realce.
- Cambia la barra de menú superior y el Dock a colores oscuros. Esta opción funciona bien con fondos de pantalla oscuros.
- Configure las barras de desplazamiento para que se muestren automáticamente en función del ratón o del Trackpad, sólo al desplazarse o siempre activas.
- Selecciona el navegador web predeterminado.
- Aquí es donde puede permitir que Handoff entre tu Mac y los dispositivos iCloud (algunos Mac antiguos no son compatibles con esta función).

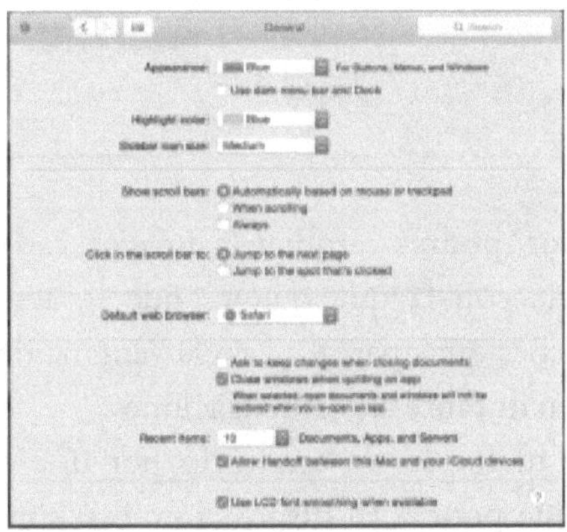

En cualquier momento, puede volver a la página principal de Preferencias del Sistema haciendo clic en el botón con 12 cuadraditos. También puedes pulsar el botón Atrás, pero si estás en varios menús, puede que tengas que pulsar el botón Atrás varias veces.

Escritorio & Protector de pantalla

La sección Escritorio y la sección Protector de pantalla le ayudarán a cambiar quizás lo más llamativo visualmente de su Mac: el fondo de escritorio. A lo largo de la barra lateral izquierda verás varias opciones desplegables diferentes: Apple, iPhoto y Carpetas.

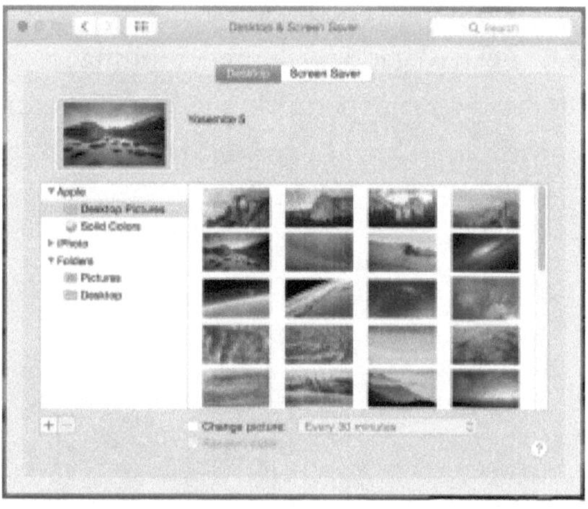

En la parte inferior, podrás cambiar la imagen cada cierto tiempo y elegir la frecuencia con la que quieres que se actualice una nueva imagen. Las imágenes que aparezcan en la ventana de la derecha serán las que se desplacen durante las actualizaciones.

Para cambiar tu fondo de escritorio por una de las magníficas imágenes que Apple pone a tu disposición, o si simplemente quieres echar un vistazo a las opciones disponibles, haz clic en el nombre de Apple. Un montón de imágenes coloridas y de alta resolución aparecerán en la parte derecha, y puedes desplazarte por la lista hasta encontrar la que más te guste. Si haces clic en una imagen, tu fondo de pantalla cambiará a esa selección concreta. Si eres de los que prefieren la sencillez, también puedes seleccionar Colores Sólidos para encontrar una serie de fondos de pantalla lisos que podrían hacerte bostezar.

Si seleccionas iPhoto, podrás desplazarte por tus fotos y elegir un recuerdo entrañable como fondo de pantalla.

La opción Carpetas le permitirá elegir entre las carpetas añadidas en las que puede haber más archivos de imagen a la espera. Si guarda muchas imágenes en su escritorio, puede añadir la carpeta Desktop para poder incluir esas imágenes como fondos de escritorio.

Añadir y eliminar Carpetas

1. Para añadir nuevas carpetas y colecciones de imágenes, haga clic en el botón "+" situado en la parte inferior de la barra lateral izquierda.
2. Cuando aparezca la ventana, busca la carpeta que quieras añadir.
3. Una vez que encuentre la carpeta deseada, haga clic en el botón azul Elegir para confirmar los cambios.
4. Para eliminar una carpeta, resáltala y haz clic en el botón "-" para eliminarla.

Protector de pantalla

Para configurar uno, haga clic en el botón Protector de pantalla situado en la parte superior de la ventana Escritorio & Protector de pantalla.

La barra lateral izquierda tendrá más opciones de las que probablemente necesites cuando se trata de diferentes formas de mostrar tus fotos. Algunas de las que probablemente te gustarán son Azulejos mezclados, Impresiones vintage y Clásico.

En la parte derecha puedes ver una vista previa del aspecto que tendrá tu salvapantallas. En esta parte de la ventana también puedes seleccionar una fuente: National Geographic, Aéreo, Cosmos, Patrones de la Naturaleza, y Elegir Carpeta si tienes una carpeta particular de imágenes que te gustaría utilizar. Si desea cambiar el orden en que aparecen las imágenes, marque la casilla junto a Orden aleatorio de las diapositivas.

En la parte inferior de la ventana puedes elegir el tiempo que transcurrirá antes de que se inicie el salvapantallas. También podrás elegir si quieres que se muestre el reloj o no.

Muelle

No hay mucho que puedas hacer en el Dock y la mayoría de estos ajustes se explican por sí mismos. En su mayor parte, los ajustes sólo hacen las cosas un poco más... animadas. Ampliación, por ejemplo, hace que el icono de una aplicación sea más grande cuando pasas el ratón por encima.

Una opción que voy a señalar, sin embargo, es la opción de ocultar y mostrar automáticamente el DockPersonalmente, elijo ocultar el Dock por dos razones: una, te da más espacio en la pantalla, y dos, te permite usar el Dock mientras estás en una aplicación a pantalla completa.

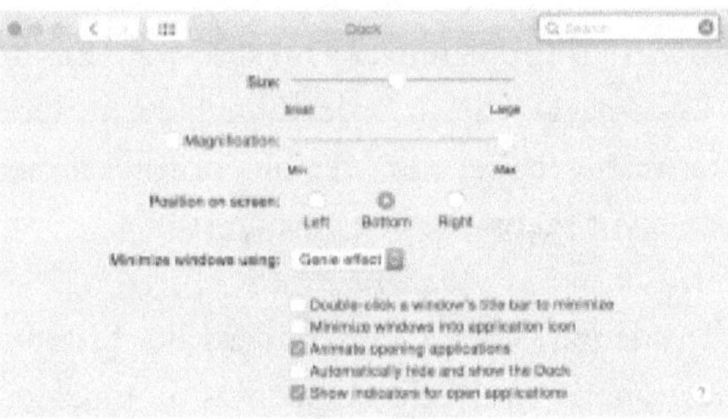

Control de Misión

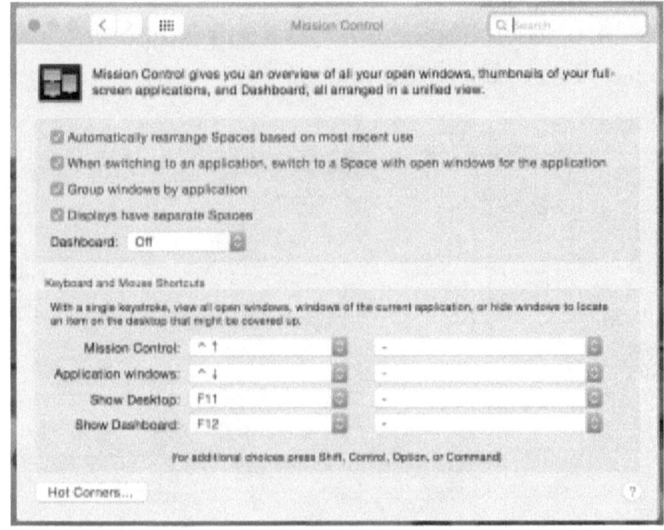

Mission Control es donde puedes configurar distintas partes de tu pantalla para que hagan cosas diferentes. ¿Qué quiero decir con eso? Por ejemplo, puedes configurar un acceso directo para que, cada vez que muevas el ratón a la esquina superior derecha, aparezca tu escritorio. También puedes configurar atajos de teclado. Mission Control te ayuda a agilizar tareas sencillas.

Redes sociales, correo, contactos y calendarios

Cuando utilizas TwitterFacebook y otras aplicaciones, puede que estés acostumbrado a ir simplemente a un sitio web. En un Mac, puedes añadirlas a la información de tu ordenador para no tener que iniciar sesión; esto también te permite recibir notificaciones emergentes cuando tengas nuevos mensajes, "me gusta", etc.

Añadir cuentas

Para añadir cuentas, vaya a Preferencias del Sistema en el Dock (el icono del engranaje) y selecciona Cuentas de Internet. Desde aquí, puedes añadir cuentas que aún no se hayan migrado, como iCloudExchange, Google, TwitterFacebookLinkedIn, Yahoo, AOL, Vimeo y Flickr. Si añades cuentas aquí, Catalina empezará a rellenar sus cuentas nativas de Mail, ContactosRecordatorios y Calendario y añadirá opciones a tu botón Compartir.

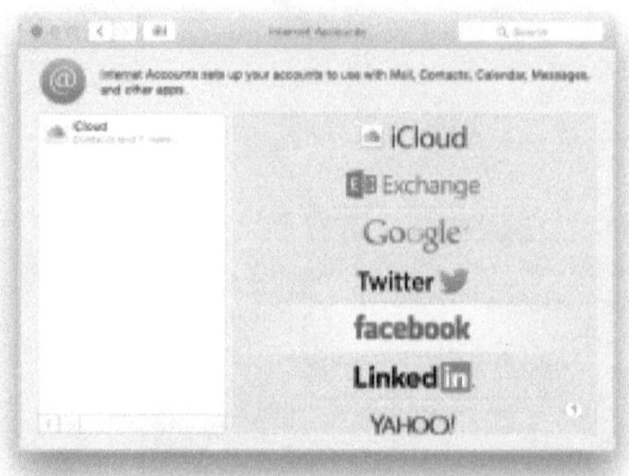

Nota: También puede añadir cuentas dentro de las secciones Correo, ContactosCalendarios y Recordatorios abriendo cada aplicación y haciendo clic en Archivo > Añadir cuenta.

TwitterFacebookLinkedIn, Vimeo y Flickr

Catalina OS admite Twitter profundoFacebookLinkedIn, Flickr y Vimeo. Para empezar, simplemente accede a tu(s) cuenta(s) desde Preferencias del Sistema > Cuentas de Internet. Selecciona Twitter,

Facebook, LinkedIn, Flickr o Vimeo e introduce tu nombre de usuario y contraseña. A partir de ahora, podrás utilizar esa cuenta con el botón Compartir en todo Catalina y recibir notificaciones en tu Centro de Notificaciones. Centro.

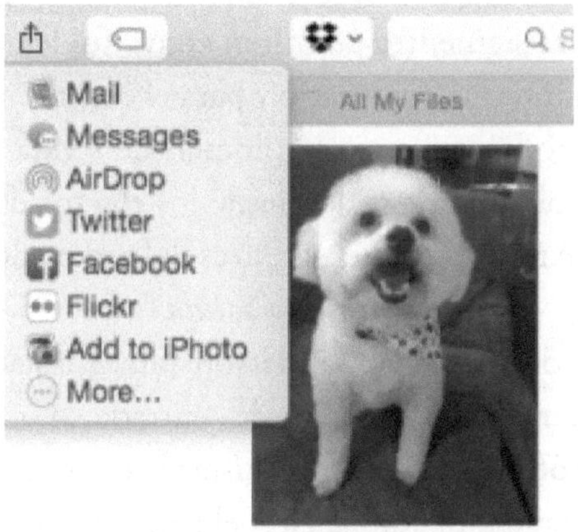

IMG_0030.jpg

Sonido

Como su nombre indica, el menú Sonido es donde se pueden modificar todos los cambios relacionados con los efectos de sonido y el sonido en general. Hay tres pestañas entre las que puedes cambiar.

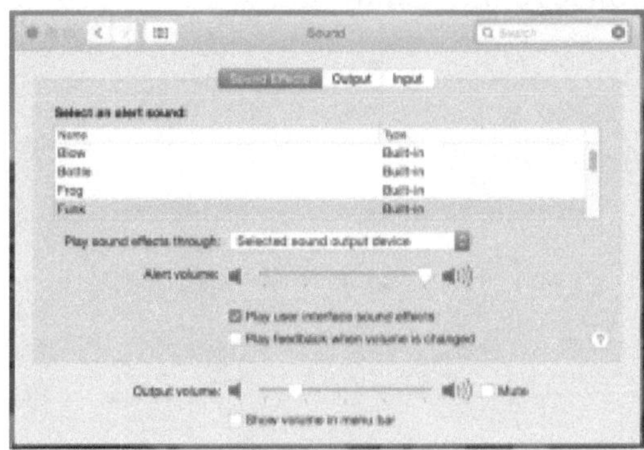

Sonido Efectos

La pestaña Sonido Efectos de sonido es donde puede seleccionar un sonido de alerta de entre las diferentes opciones incorporadas. Por defecto, el siguiente menú desplegable debe establecerse en Dispositivo de salida de sonido seleccionado para reproducir los efectos de sonido elegidos a través de los altavoces estándar.

Las dos casillas siguientes permiten activar o desactivar los efectos de sonido para la interfaz de usuario y para el control del volumen.

Por último, podrás ajustar el volumen de salida de los altavoces. Esto afectará al volumen de todo, desde los efectos de sonido hasta la música que se esté reproduciendo a través del ordenador.

Entrada y salida

Las pestañas de entrada y salida son muy similares. Cada una te permitirá cambiar el dispositivo de entrada o salida de sonido (altavoces o micrófonos), así como ajustar la configuración de sonido. En la pestaña de salida, puedes ajustar el control deslizante para mover el balance a izquierda o derecha, y en entrada, puedes cambiar el volumen de entrada del micrófono y activar o desactivar la función integrada de reducción de ruido en caso de que utilices con frecuencia el micrófono de tu Mac en cafeterías concurridas.

Usuarios y grupos

Si su Mac es para uso familiar y un par de personas lo van a utilizar, esta configuración le resultará muy útil.

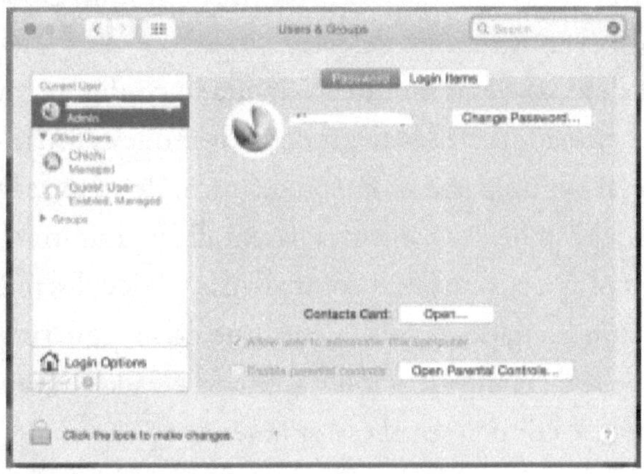

En la barra lateral izquierda se mostrarán todos los usuarios y grupos existentes (si los tiene). Para realizar cambios en un usuario existente, primero tienes que elegir el icono "Haz clic en el candado" y desbloquearlo; el desbloqueo te permite cambiar la configuración del usuario. También se te pedirá tu contraseña en este momento -todo esto es una medida de seguridad para asegurar que si accidentalmente dejas tu ordenador desatendido, alguien no pueda venir y bloquearte en tu propia máquina.

A continuación se indican algunas cosas que podrás hacer con cada usuario. Dependiendo del tipo de usuario que sea (admin, invitado, niño, etc.), algunos de los ajustes no estarán disponibles.

- Si selecciona la cuenta de usuario admin, podrá cambiar la contraseña de inicio de sesión, abrir la tarjeta Contactos y activar el control parental. Si haces clic en Elementos de inicio de sesión, podrás cambiar las aplicaciones que se inician automáticamente cada vez que inicias sesión. Debe haber al menos un usuario admin.

- Cualquier otro usuario creado por usted tendrá opciones para activar los controles parentales, cambiar la contraseña o convertir esa cuenta en otra cuenta de administrador que tenga el control total del Mac.

- Por defecto, verás un usuario invitado configurado. Si está seleccionado, puedes elegir desactivar que el usuario invitado esté disponible como opción de inicio de sesión. También puedes establecer controles parentales y permitir el acceso de invitados a tus carpetas compartidas. Si decides mantener el usuario invitado, ten en cuenta que no se requerirá contraseña y que toda la información y archivos creados durante esa sesión se eliminarán al cerrar la sesión.

- En la parte inferior de la barra lateral izquierda hay otra opción, llamada Opciones de inicio de sesión. Aquí es donde encontrarás diferentes opciones como el inicio de sesión automático, mostrar sugerencias para la contraseña y mostrar los botones Reposo, Apagar y Reiniciar. También puedes mostrar tu nombre completo o tu nombre de usuario en la parte superior derecha de la barra de menús marcando la casilla junto a Mostrar menú de cambio rápido de usuario y haciendo una selección.

Crear nuevos usuarios

Así que ya sabes cómo gestionar el usuario principal, pero ¿qué pasa con la creación de usuarios adicionales? Eso es bastante sencillo. Solo tienes que seguir estos pasos (y asegurarte de que ya has pulsado ese botón de bloqueo para desbloquear la opción).

1. Haz clic en el botón "+".
2. En el menú desplegable Nueva cuenta, elija entre las siguientes opciones: Administrador, Estándar, Administrada con control parentalo Sólo compartir.

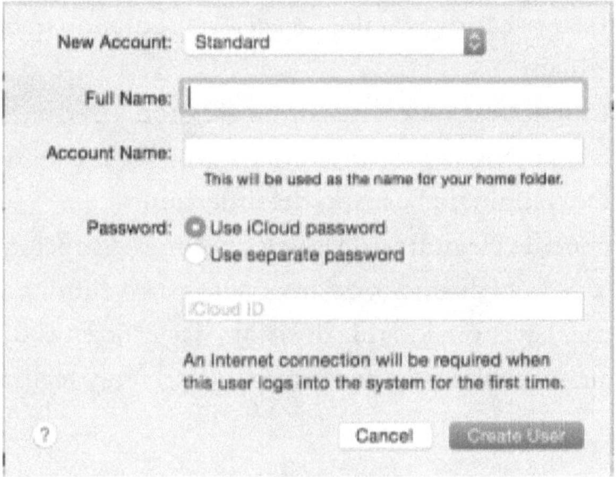

1. Rellene los campos Nombre completo y Nombre de cuenta. No tienen por qué ser nombres reales. Mickey Mouse puede tener un nombre de usuario si quieres.
2. Puedes elegir que el nuevo usuario inicie sesión utilizando una cuenta y una contraseña de iCloud y contraseña existentes, o crear una contraseña completamente nueva.

1. Si ha seleccionado Usar iCloud se te pedirá que introduzcas el ID de iCloud asociado.
2. Si, por el contrario, opta por una contraseña recién creada, se le pedirá que la introduzca dos veces para verificarla.
3. Una vez que haya terminado, haga clic en el botón azul Crear usuario. Si ha optado por utilizar un iCloud ID, se te pedirá que introduzcas la contraseña. Si has creado una contraseña nueva, no necesitas hacer nada más.

Eliminación de Usuarios existentes

El hecho de que hayas añadido un usuario no significa que esté ahí para siempre. Puedes eliminarlos en cualquier momento. Pero recuerda que al eliminarlos se borran todos los ajustes que hayan configurado, así que si vuelves a crear ese usuario, todo desaparecerá.

1. Para eliminar usuarios actuales, seleccione el usuario que desea eliminar.
2. Con ese usuario resaltado, haz clic en el botón "-".
3. Aparecerá un mensaje preguntándole si está realmente seguro de que desea eliminar al usuario del ordenador.
4. También puedes elegir uno de los tres botones de opción: guardar la carpeta de inicio, dejarla como está o eliminarla.
5. Una vez que haya tomado una decisión, haga clic en el botón azul Eliminar usuario para confirmar su elección y realizar los cambios.

Creación de grupos

Si el ordenador se utiliza en un lugar donde hay docenas de usuarios (un aula o una biblioteca, quizás), crear un grupo sería una buena opción para ti.

1. En la parte inferior de la barra lateral izquierda, haz clic en el botón "+".
2. En el menú desplegable Nuevo, seleccione Grupo
3. En el campo Nombre completo, cree e introduzca un nombre para su grupo.
4. Haga clic en el botón azul Crear grupo para confirmar.
5. Se creará el nuevo grupo y podrás marcar casillas junto a cada usuario existente para designar quién formará parte de este grupo. Si tiene grupos existentes, también puede seleccionar grupos enteros para que formen parte de otro grupo.

Encaja esto

Las capturas de pantalla en MacOS siempre han sido bastante simples y directas. Pulsa Mayúsculas-Comando-3 para hacer una captura de pantalla de toda la pantalla y Mayúsculas-Comando-4 para hacer una captura de pantalla de un área específica de la pantalla.

Estos comandos siguen funcionando, pero Apple ha dado un paso más y te permite editar la captura de pantalla: si has hecho capturas de pantalla en iOS, probablemente la experiencia te resulte familiar.

En cuanto tomes una captura de pantalla, verás opciones para lo que puedes hacer a continuación en una pequeña ventana emergente en la parte inferior derecha de tu pantalla. Estas opciones te llevarán a una ventana de marcado donde podrás añadir anotaciones, formas, texto y mucho más.

Además de estas opciones, macOS ha añadido un nuevo comando: Mayúsculas-Comando-5. Esto abre una interfaz de captura de pantalla con varias opciones, como capturar toda la pantalla, la ventana seleccionada o una parte seleccionada. Las dos últimas opciones son nuevas: grabar toda la pantalla o grabar una parte de ella.

Continúa la foto donde la dejaste

Algo que Apple ha hecho muy bien con sus dispositivos es la continuidad: la idea de parar en un dispositivo y continuar donde lo dejaste en otro. Por ejemplo, puedes parar una película en el salón en el Apple TV y seguir viéndola en el Apple TV del dormitorio. O puedes recibir un mensaje de texto en tu Apple Watch y responder en tu teléfono. Todo es muy intuitivo y funciona.

Este concepto de usar en un dispositivo y recoger en otro se extiende ahora a la cámara. Con OS Catalina, puedes hacer una foto en tu iPhone o iPad y enviarla automáticamente a tu Mac y a la aplicación de edición de fotos que desees.

Si la aplicación para Mac es compatible con esta función, la verás en
Edición, en el área de menús; habrá una nueva opción que dirá "Insertar
desde tu iPhone o iPad" con la opción de Tomar foto o Escanear
documentos.

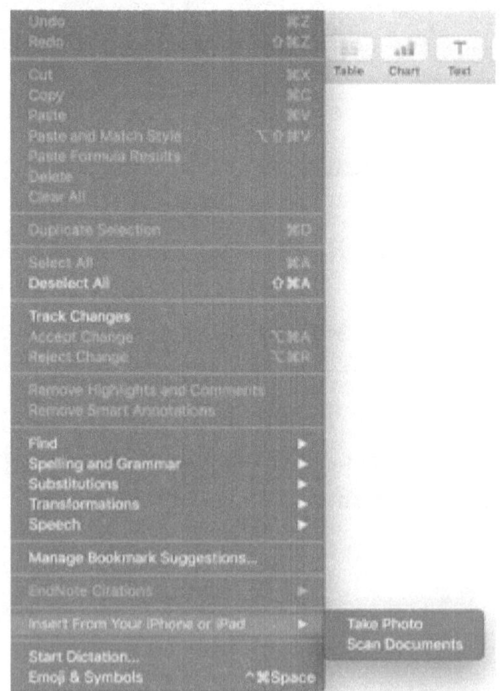

Cuando hagas la foto con tu teléfono o tableta, aparecerá automáticamente en el documento.

Control parental

Si los niños usan tu ordenador, Apple tiene el Control parental para asegurarte de que los niños no se meten en líos. Es una aplicación bastante potente, pero tiene algunos límites; si quieres la máxima protección, también hay varias aplicaciones de pago, como NetNanny ([1]www.netnanny.com). El control parental también es bueno para los invitados: si no te importa que utilicen tu ordenador, pero sólo quieres que usen Internet y no tengan acceso a nada más, puedes configurarlo así.

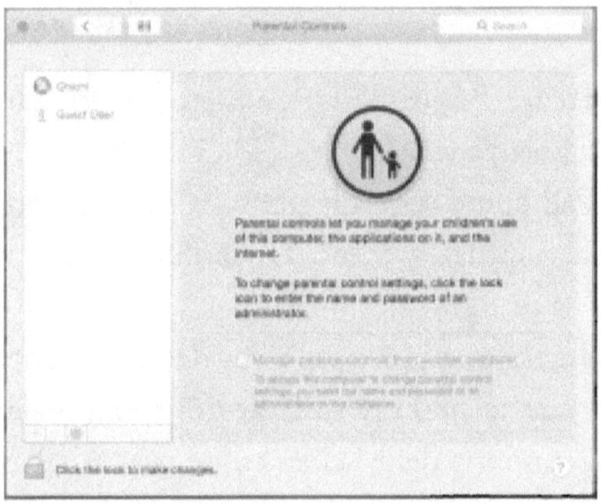

Para utilizar el control parental de Appleasegúrese primero de haber creado una cuenta de usuario para su hijo. A continuación, vaya a Preferencias del Sistema y Control parental.

Si el candado de la esquina inferior izquierda está bloqueado, haz clic en él para desbloquearlo e introduce tu contraseña.

Ahora puedes configurar controles parentales para cada usuario infantil. Puedes hacerlo tan restrictivo como quieras. La primera pestaña te permite elegir qué aplicaciones pueden utilizar. Por ejemplo, puedes bloquear todas las aplicaciones excepto los juegos. La siguiente

---

1.   http://www.netnanny.com

pestaña te permite controlar el uso de Internet. Por defecto, Apple intentará filtrar el contenido para adultos. Si se trata de un niño pequeño, entonces una mejor opción podría ser elegir las páginas web a las que puede acceder; podrías, por ejemplo, bloquear todos los sitios de Internet excepto Disney. La siguiente pestaña es Personas. Te permite seleccionar a quién pueden enviar correos electrónicos y mensajes. Por ejemplo, podrías limitarles a enviar correos electrónicos sólo a sus padres y abuelos. La penúltima pestaña te permite establecer límites de tiempo. Puedes elegir cuándo utilizan el ordenador y durante cuánto tiempo. Y por último, la última pestaña te permite desactivar la cámara para que no puedan chatear por vídeo, ocultar palabras malsonantes del diccionario, etc.

Sidecar

¿Qué es Sidecar? Básicamente consiste en utilizar tu iPad como segunda pantalla junto a tu Mac.

Utilizar el iPad como segunda pantalla del Mac no es nada nuevo. Aplicaciones tan populares como Duet llevan años haciéndolo con éxito.

Apple por fin ha tomado nota y ha decidido lanzar una función llamada Sidecar que te permite utilizar de forma inalámbrica tu iPad como pantalla secundaria del Mac; es como usar AirPlay en tu teléfono para mostrar YouTube en tu televisor. Adiós a aplicaciones como Duet, ¿verdad? No exactamente.

Antes de pasar a cómo utilizar Sidecardéjame mencionar primero lo que Sidecar no es: una aplicación rica llena de características profesionales. Sólo hace una cosa muy bien: mostrar la pantalla de tu Mac en tu iPad. Aplicaciones como Duet son compatibles con iPhone y iPad y también trabajan con sistemas operativos cruzados, por lo que también puede mostrar su dispositivo de Windows en su iPad. Windows en tu iPad. Pero personalmente, una cosa que encuentro a faltar en Sidecar es el tacto. Esperaba poder tocar la pantalla del iPad y abrir aplicaciones y carpetas. Pero no fue así. Era sólo para propósitos de visualización... a menos que tengas un Apple Pencil. Sidecar parece hecho para atraer a la gente a comprar un Apple Pencil. Con un Apple Pencil, el tacto de repente se vuelve posible. Probablemente haya una buena razón para ello: el Apple Pencil es más preciso y tiene más gestos que tu dedo.

Ahora que ya sabes lo que no es, veamos cómo funciona.

En primer lugar, asegúrate de que tu MacBook (sí, esto sólo es compatible con MacBooks - lo siento usuarios de Windows usuarios de Windows) está actualizado con el último sistema operativo (Catalina).

En segundo lugar, asegúrese de que su iPad está encendido, en modo de espera y en la misma red Wi-Fi (si no, no verás el siguiente paso).

En tercer lugar, ve al menú de la parte superior derecha de tu MacBook y haz clic en el recuadro rectangular de AirPlay.

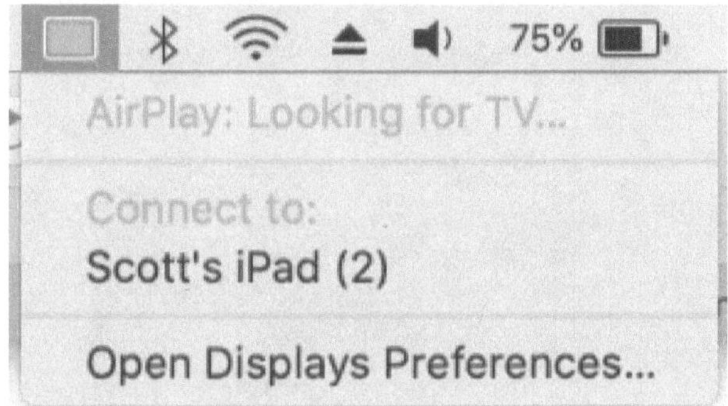

¡Ya está! Más o menos. Tu MacBook debería aparecer ahora en tu iPad. Se parecerá un poco a esto:

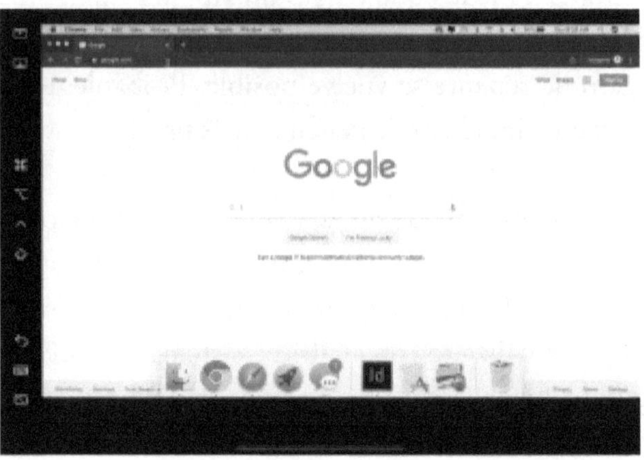

¿Qué quiero decir con "más o menos"? Todavía hay algunos ajustes más que debes conocer. Vuelve a hacer clic en la casilla AirPlay de la esquina derecha y verás aún más opciones.

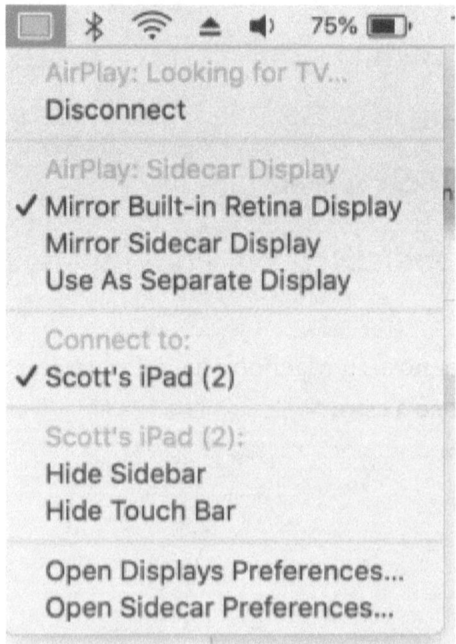

¿Qué son todas estas opciones? Usar como pantalla separada (frente a las dos opciones de espejo) convierte tu iPad en una segunda pantalla, para que puedas tener otra aplicación Mac ejecutándose en tu pantalla en lugar de mostrar sólo lo que hay en tu MacBook.. Las dos opciones Ocultar eliminan los recuadros que ves en tu iPad para que sea un poco más pantalla completa.

Por último, Abrir Sidecar Preferencias le ofrecerá algunas opciones adicionales. Por ejemplo, puede elegir mostrar la barra de menú a la derecha en lugar de a la izquierda.

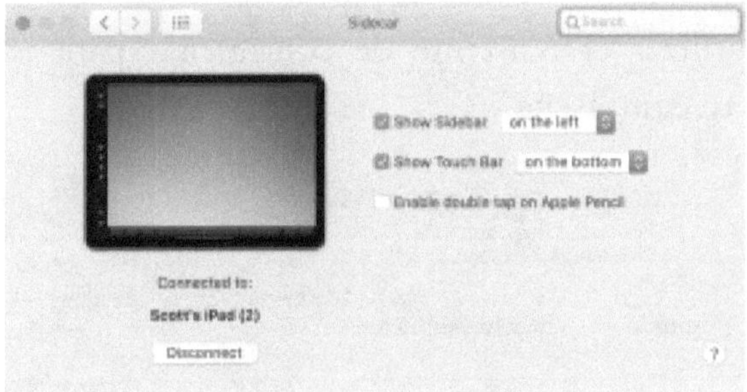

Puedes desconectarte de Sidecar pulsando en el recuadro con la línea que lo atraviesa en tu iPad o yendo al botón AirPlay de tu Mac y desconectarte.

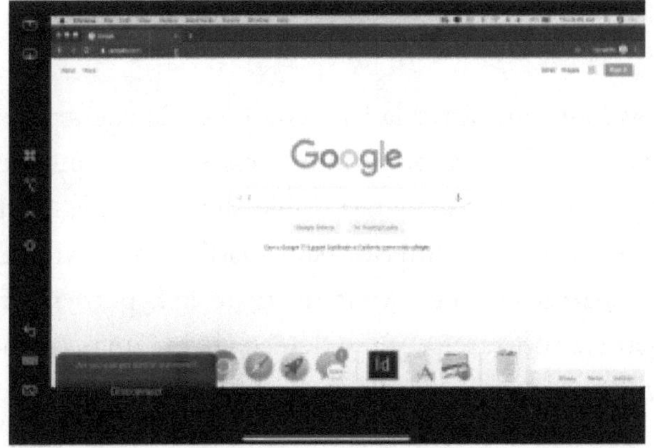

Privacidad y seguridad

Si tu ordenador está en un lugar al que otras personas pueden acceder, o si en general te preocupa que se vulnere tu privacidad, dirígete a Privacidad y Seguridad en las Preferencias del Sistema.

Crear contraseñas seguras

Las contraseñas seguras son la primera línea de defensa contra posibles piratas informáticos (¡o niños listos!); una contraseña segura no es algo como "contraseña"; una contraseña segura tiene letras, números e incluso símbolos. Podría ser algo como esto "@mY_MACb00k".

Puedes utilizar el Asistente de contraseñas para comprobar la seguridad de tu contraseña.

Cuando Keychain podrá ver la lista completa de cuentas que ya están sincronizadas con el Llavero. Si quieres cambiar la contraseña de una cuenta que ya existe, búscala y haz doble clic sobre ella. Si no, haz clic en el botón "+" de la parte inferior para añadir una nueva cuenta.

Cuando aparezca la nueva ventana, fíjate en la parte inferior. Habrá un campo para la contraseña, y a su derecha habrá un pequeño icono de llave. Haz clic en el icono de la llave para abrir Password Assistant.

En Tipo puede seleccionar Manual (cree el suyo propio), Memorable, Letras y números, Sólo números, Aleatorio y Conforme a FIPS-181.

Las sugerencias se rellenarán automáticamente, y podrá desplazarse por las diferentes sugerencias utilizando el menú desplegable.

Ajusta el control deslizante de longitud para alargar o acortar la contraseña. Cualquier contraseña que crees cumplirá al menos estos requisitos para ser considerada justa.

A medida que generes una contraseña, el indicador de calidad cambiará para mostrarte lo segura y compleja que es una contraseña determinada.

Cortafuegos

Otra línea de defensa que puede añadir es un cortafuegos, que le protege de conexiones no deseadas a aplicaciones de software, sitios web o archivos potencialmente maliciosos.

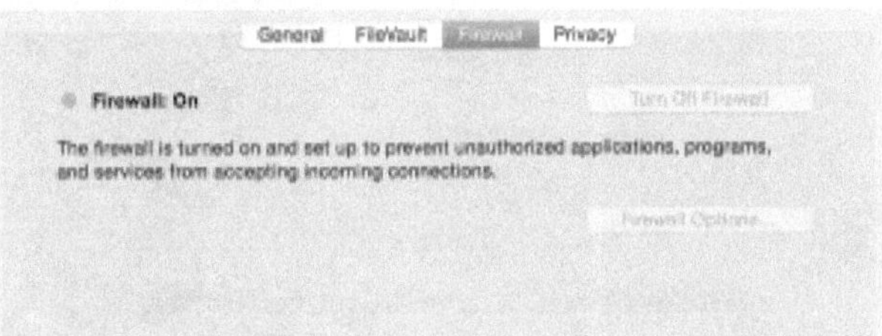

Para activar el cortafuegos que viene con su Mac, vaya a Preferencias del Sistema > Seguridad y Privacidad y seleccione la pestaña Firewall. Antes de realizar ningún cambio, haz clic en el icono del candado de la esquina inferior izquierda e introduce tu contraseña de administrador para continuar.

Buscar mi Mac

Al igual que el iPhone o el iPad, el Mac incluye una práctica función llamada "Buscar mi Mac". Mac"que te permite encontrar tu ordenador si alguien te lo roba o simplemente se lo pierdes; también puedes borrar su disco duro de forma remota.

Para activar Buscar mi Macvaya a Preferencias del Sistema > iCloud y marca la casilla junto a Buscar mi Mac. Tus servicios de localización también deben estar activados, así que ve a Preferencias del Sistema > Seguridad y Privacidad > Privacidad > Servicios de localización y asegúrate de que la opción Activar servicios de localización está activada.

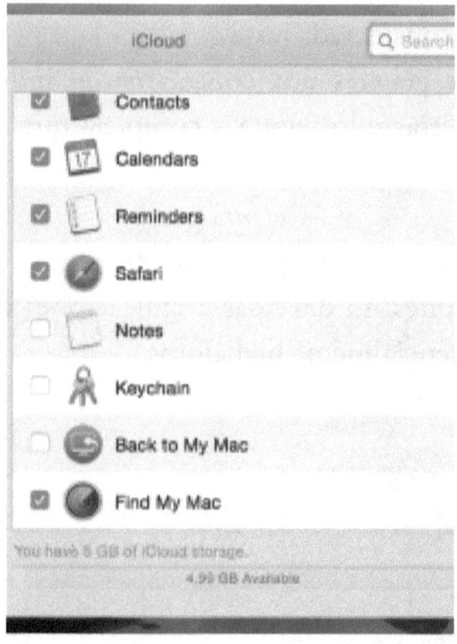

Para rastrear tu ordenador, puedes iniciar sesión en cualquier ordenador y visitar iCloud.com, introduzca su información de inicio de sesión de iCloud y haga clic en Buscar mi Mac. Mientras el Mac esté despierto y conectado a Internet a través de Wi-Fi o Ethernetpodrás reproducir un sonido fuerte, bloquearlo o borrarlo por completo para eliminar tu información privada.

Privacidad

Apple sabe que a la gente le preocupa la privacidad; por eso ha incorporado muchas funciones para ayudarte a controlar lo que se puede ver (y lo que no).

Privacidad en Internet

Si desea borrar el historial de búsqueda y navegación, puede hacerlo de dos formas: haciendo clic en Safari > Borrar historial y datos de sitios web o bien en Historial > Borrar historial y datos de sitios web. Ambos se encuentran en la barra de menú superior. Cuando aparezca la ventana, podrás elegir hasta dónde quieres que llegue la limpieza. Una vez hecha la selección, pulsa el botón Borrar historial para que los cambios sean definitivos.

Las cookies permiten a los sitios web almacenar datos y hacer un seguimiento de determinadas cosas, como qué otros sitios web visita durante su sesión de Internet o qué tipo de productos tiende a mirar más. Esta información la utilizan sobre todo los anunciantes para orientar mejor los anuncios hacia ti, pero siempre tienes la opción de desactivarlas. Abre Safarive a Safari > Preferencias y selecciona la pestaña Privacidad Privacidad. Las opciones de cookies van desde permitir que todos los sitios web almacenen cookies hasta bloquear todos los sitios web. También puedes permitir las cookies sólo de los sitios web que visitas con más frecuencia. Si prefieres que no te rastreen, marca la casilla de la parte inferior que dice Pedir a los sitios web que no me rastreen. Algunos sitios web no funcionarán como usted desea si desactiva esta opción.

Privacidad de las aplicaciones

La otra parte de la privacidad es a través de las aplicaciones instaladas. Vaya a Preferencias del Sistema > Seguridad y Privacidad y haz clic en la pestaña Privacidad. Puedes desactivar los Servicios de Localización marcando la casilla junto a Activar Servicios de Localización. Navega por la barra lateral izquierda y podrás personalizar los permisos. Si no quieres que ninguna aplicación acceda a tus contactos o calendarios, aquí es donde puedes bloquear algunos o todos los programas de esa información.

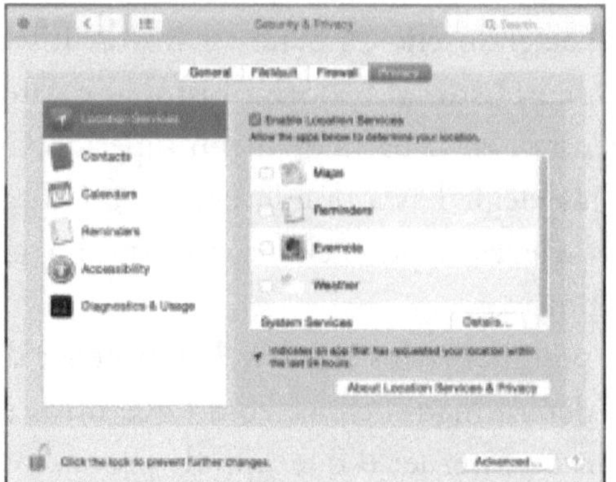

Tiempo de pantalla

Puede que ya estés familiarizado con Screen Time. Lleva un tiempo en iPads y iPhones. Llega a macOS con la actualización Catalina. ¿En qué consiste? Es un ajuste de productividad que te permite restringir el tiempo que puedes usar ciertas aplicaciones (juegos, por ejemplo). Es muy personalizable, así que puedes configurar una app como Word para que no tenga restricciones, pero otra como Internet para que tenga límites.

Screen Time no es una aplicación en el sentido tradicional; es una aplicación dentro de la configuración del sistema. Para usarla, ve a Preferencias del Sistemay haz clic en Tiempo en pantalla.

Esto abre una nueva ventana que te dice cuánto tiempo has estado en tu ordenador.

Puedes configurar un código de acceso pulsando en opciones en la parte inferior de la ventana.

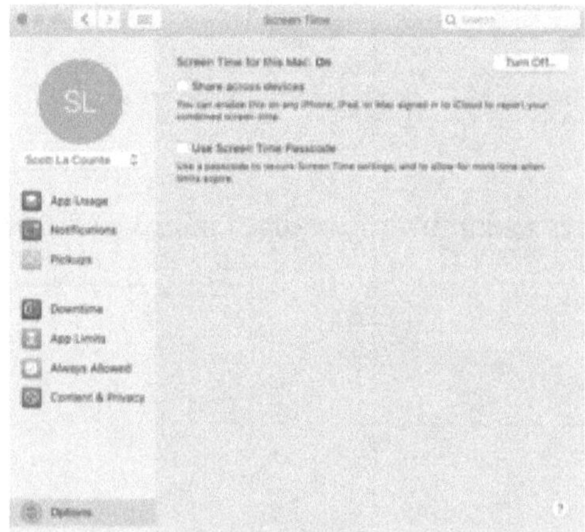

App Limits es donde puedes empezar a restringir ciertas aplicaciones. Haz clic en el signo '+' de esta sección.

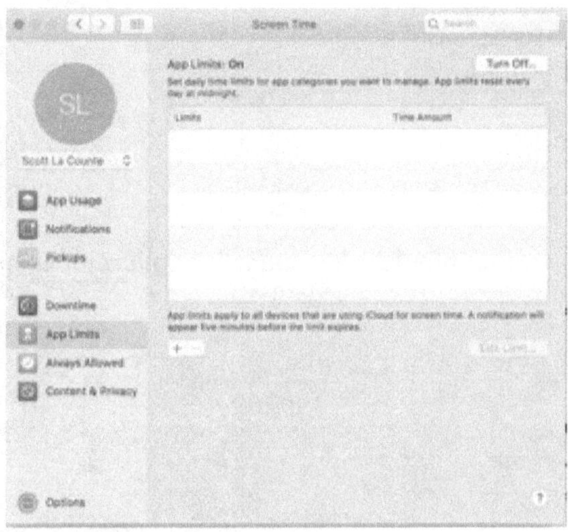

Desde aquí, seleccione la aplicación (o tipos de aplicaciones) que desea limitar.

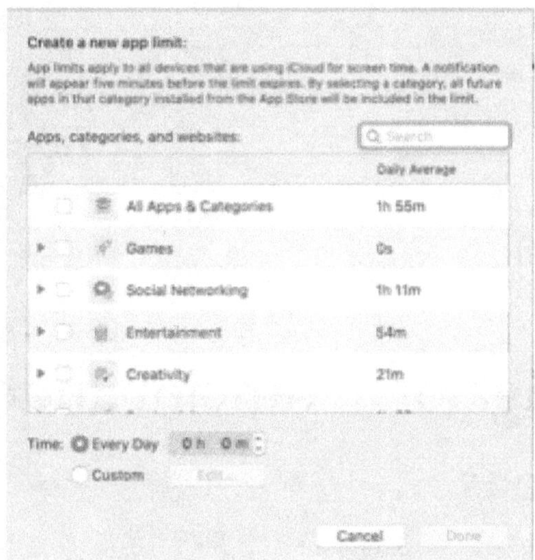

En la parte inferior, puedes decir a cuánto tiempo quieres fijar el límite.

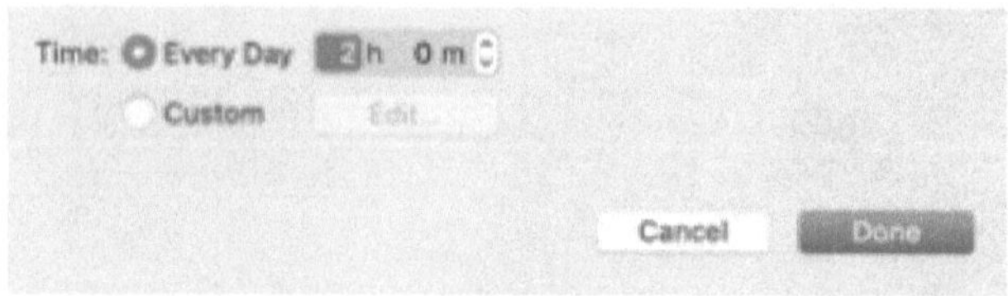

En Permitir siempre, puede seleccionar las aplicaciones que no tienen restricciones.

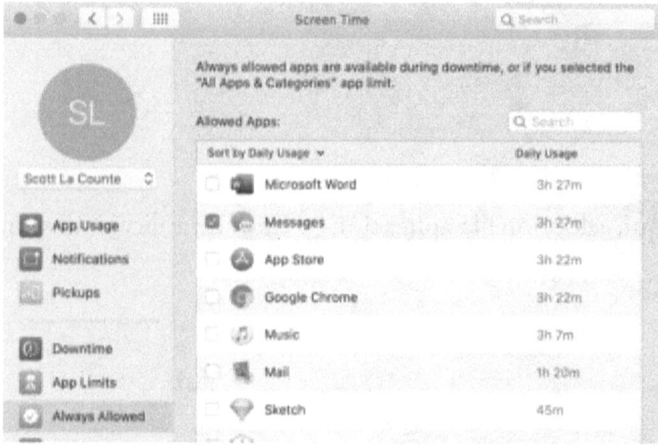

[9]

Manténgalo funcionando sin problemas

Este capítulo tratará:

- La máquina del tiempo
- Actualizaciones de software

Los Mac se sienten más como una inversión que otros ordenadores; con eso en mente, obviamente querrás proteger y mantener tu inversión. En este capítulo, voy a cubrir cómo.

La máquina del tiempo

A todo el mundo le preocupa perder sus datos; Apple te ayuda con una de sus aplicaciones más potentes: Time Machine..

Time Machine hará una copia de seguridad de todos tus archivos, aplicaciones y configuraciones con un mínimo de configuración o quebraderos de cabeza. En el caso de un evento catastrófico, como un fallo del disco duro, tener una copia de seguridad de Time Machine puede permitirte recuperar rápidamente todos tus datos y aplicaciones, e incluso todos tus ajustes (como el fondo de escritorio e incluso la ubicación específica de los iconos en el escritorio).

Tendrás que comprar un disco duro externo USB o Thunderbolt. Se recomienda comprar un disco mayor que el espacio utilizado actualmente en el ordenador. Por ejemplo, si ha utilizado 100 gigabytes de espacio en el disco duro de su ordenador, deberá comprar al menos un disco duro de 120 gigabytes.

También puede adquirir una Time Machine adicional Aeropuerto Capsule que hace todo esto de forma inalámbrica.

Para empezar, conecte el disco duro a su ordenador y Time Machine se iniciará automáticamente. Le preguntará si desea utilizar la unidad como disco de copia de seguridad de Time Machine. Seleccione Usar como disco de copia de seguridad.

Si Time Machine no se inicia automáticamente, vaya a Finder > Aplicaciones > Time Machine y haz clic en Elegir disco de copia de seguridad. Selecciona tu nuevo disco duro.

Después de especificar la unidad que se utilizará como copia de seguridad, Time Machine comenzará automáticamente a hacer copias de seguridad de sus datos.

Actualizaciones de software

Si quieres que tu ordenador funcione sin problemas, asegúrate de actualizarlo con regularidad; las actualizaciones son gratuitas y llegan una vez cada dos meses. Corrigen errores menores y a veces añaden cosas para corregir vulnerabilidades que podrían hacer que tu ordenador fuera vulnerable a los virus.

MacOS X, por defecto, le avisará cuando haya actualizaciones disponibles, y sólo tendrá que hacer clic en "Actualizar"e introducir tu contraseña para ejecutar las actualizaciones. A veces, en el caso de actualizaciones importantes, tendrá que reiniciar el ordenador para completar la actualización. Puede hacer clic en No ahora si desea retrasar las actualizaciones hasta un momento más conveniente.

Índice

A

Accesibilidad139
Añadir / quitar contactos79, 80, 88, 144, 145, 147
AirDrop109
AirPlay154............., 155, 156
AirPods129
Aeropuerto165
Botones de aplicación34
App Store35........, 79, 117, 119
Llave Apple25
Apple Music131...., 132, 134, 137
Servicios Apple127
Adjuntar archivos113

B

Bluetooth30

C

Calendario27......., 79, 91, 92, 145
Cromo41
Contactos79..., 80, 88, 144, 145, 147
Centro de control31
Recorte124

D

Modo oscuro26
Escritorio25..........., 27, 141, 142
Muelle17, 24, 27, 32, 33, 34, 44, 92, 99, 117, 125, 140, 143, 145
Descargas50

E

Correo electrónico64........., 65
Ethernet53..............., 54, 159
Exportación111.............., 112

Exportación de la nota111

F

Facebook36............, 144, 145
FaceTime79.............., 87, 88
Favoritos50.................., 51
Gestión de archivos49
Ficheros App49.........., 113, 126
Buscar My20........., 129, 158, 159
Buscar mi Mac20......, 129, 158, 159
Buscador16, 17, 29, 32, 44, 45, 48, 49, 50, 51, 130, 165
Cortafuegos157.............., 158
Carpetas100............., 141, 142

H

Traspaso140
Historia159

I

iCloud13, 20, 80, 81, 91, 92, 93, 99, 128, 129, 130, 140, 145, 149, 158, 159, 164

Instalación y eliminación de aplicaciones32 , 142, 149

iTunes13......., 17, 27, 42, 79, 131

iTunes Match131

K

Teclado16................, 24
Atajos de teclado16
Llavero20................., 157

L

Launchpad16, 18, 32, 34, 35, 63, 80, 87, 92, 93, 95, 99, 117, 119, 124, 126, 139

M

MacBook24....., 128, 129, 154, 155
Correo64................., 65
Mapas41................, 102
Centro multimedia17
Barra de menús30
Menulets17................, 30
Etiquetado de mensajes84
Mensajes81..........., 82, 83, 84
Asistente de migración17....., 18, 19

N

Notas79, 99, 103, 105, 106, 107, 108, 110, 111, 112, 113
Notificaciones30......., 35, 36, 145

P

Control parental148......., 152, 153
Contraseñas156
Llamadas telefónicas79
Álbum de fotos122..........., 123
Álbumes de fotos122
Fotomatón79
Fotos102......., 107, 119, 120, 128
Fijación de mensajes83
Privacidad139......, 156, 158, 159

R

Papelera de reciclaje17
Recordatorios79........., 93, 145

S

Safari53..............., 63, 159

Pestañas Safari41

Búsqueda Nota111

Seguridad156.........., 158, 159

Asistente de configuración15....., 19

Compartir Nota110

Atajos16

Sidecar153............., 154, 156

Siri31.........., 79, 125, 126, 138

Actualizaciones de software117, 119, 165

Sonido146

Corrección ortográfica113

Vista dividida24............., 38

Pilas28...................., 29

Preferencias del sistema16, 17, 27, 126, 130, 139, 141, 145, 153, 156, 158, 159, 160

T

Navegación por pestañas51
Software con pestañas41
Tabs41
Etiquetas44................, 52
Barra de tareas17
Mensajes de texto81....., 82, 83, 84
Máquina del Tiempo18...., 164, 165
Transferencia de documentos17
Basura17................, 32, 33
TV12.............., 131, 151, 154
Twitter144..............., 145

U

Usuarios y grupos147....., 148, 149

V

Vídeo42..................., 102
Virus11...................., 12

W

WiFi13, 31, 53, 54, 80, 88, 111, 154, 159

Windows11, 12, 13, 15, 16, 17, 18, 19, 20, 24, 25, 26, 30, 32, 34, 41, 44, 45, 47, 48, 49, 51, 139, 154

Sobre el autor

Scott La Counte es bibliotecario y escritor. Su primer libro, *Quiet, Please: Dispatches from a Public Librarian* (Da Capo 2008) fue la elección del editor para el Chicago Tribune y un título Discovery para Los Angeles Times; en 2011, publicó el libro YA The N00b Warriors, que se convirtió en un bestseller #1 de Amazon; su libro más reciente es *#OrganicJesus: Finding Your Way to an Unprocessed, GMO-Free Christianity* (Kregel 2016).

Ha escrito docenas de las guías más vendidas sobre productos tecnológicos.

Puede ponerse en contacto con él en ScottDouglas.org.

www.ingramcontent.com/pod-product-compliance
Lightning Source LLC
Chambersburg PA
CBHW021000180726
47993CB00017B/260